Hamburg

Architektur einer weltoffenen Stadt

PABLO DE LA RIESTRA

Hamburg

ARCHITEKTUR EINER WELTOFFENEN STADT

MICHAEL IMHOF VERLAG

Berliner Bogen (Hammerbrook, Anckelmannplatz 1), BRT Architekten Bothe Richter Teherani, 2001

S. 1: Stadtansicht, Binnenalsterbebauung, Landhaus J. C. Godeffroy Hirschparkhaus (s. S. 170)

S. 2: Innenhof des Hamburger Rathauses

Pablo de la Riestra: Hamburg – Architektur einer weltoffenen Stadt
Michael Imhof Verlag GmbH & Co. KG, 2008

Michael Imhof Verlag GmbH & Co. KG
Stettiner Straße 25
36100 Petersberg
Tel.: 0661/9628286
Fax: 0661/63686

Reproduktion und Gestaltung: Michael Imhof Verlag
Druck: Grafisches Centrum Cuno, Calbe
Fotos: Pablo de la Riestra und Michael Imhof/Michael Imhof Verlag

Printed in EU

ISBN 978-3-86568-105-8

INHALT

oben: Rathaus und ehem. Reichsbank

links: Hotel Residenz Hafen Hamburg (Seewartenstraße 9), Meyer & Fleckenstein, 1995

unten: Blick zur Katharinenkirche

VORWORT

Die Vorgeschichte dieses Buchs geht auf die Mitte der 1960er Jahre zurück, als eines Tages mein Vater, Martín de la Riestra, Architekt und Professor für Architekturtheorie in Argentinien, mir – noch als Kind – einige Fotos vom Hamburger Chilehaus zeigte. Seine Begeisterung und seine überzeugenden Schwarz-Weiß-Fotos steckten mich sofort an. Es war ein langer Weg, bis wir beide gemeinsam an einem Sonntag im August 1982 zum ersten Mal vor dem Original standen und unseren Augen nicht trauen mochten. Ich habe ihm diese wunderschöne „Entdeckung" zu verdanken – wie ich ihm viele andere Geschenke des Lebens schulde, auch die grundsätzliche Liebe zur Architektur.

Wiederum hat es lange gedauert, bis es zur Realisierung des vorliegenden Manuskripts und der begleitenden Fotos kam. Den Vorschlag für dieses Projekt machte 2005 der Verleger Michael Imhof selbst, als wir unseren Band über Nürnberg in der Hand hielten. Er konnte sich nicht vorstellen, wie sehr mir auch diese neue Aufgabe ans Herz wachsen würde. Und so habe ich mich gleich an die Arbeit gemacht, ihm sei dafür sehr herzlich gedankt.

Dankbar bin ich auch Dr. Peter Blümel in Marburg, der mich in großzügiger Weise bei der Textkorrektur unterstützte, die wir an vielen fröhlichen und manchmal auch anstrengenden Tagen absolvierten. Meinem lieben Freund Theo Noll schulde ich für seinen steten Beistand während der langen Zeit für diese Arbeit und für seine Hilfe beim Umgang mit dem Computer großen Dank.

Da ich dieses Buch meinem Vater nur noch *in memoriam* widmen könnte, soll es meinem Patenkind Hernando Iván Pérez gewidmet sein.

Auch bei diesem Text war ich immer bestrebt, eine unabhängige Meinung zu vertreten. Ich kann Hamburg wie ganz Deutschland mit den Augen des Zugereisten sehen, der einerseits wie selbstverständlich unter Deutschen lebt, andererseits aber über die Möglichkeit verfügt, Dinge aus der Distanz des hier nicht Aufgewachsenen zu beurteilen. Vielleicht macht gerade dies einen bereichernden Unterschied dieses Textes zu vergleichbaren Veröffentlichungen aus.

Pablo de la Riestra

GESCHICHTLICHE EINFÜHRUNG

St. Petri, Ansicht um 1800, Lithographie von Peter Stuhr

unten: Domkirche St. Marien, um 1800, Lithographie von Peter Stuhr

rechts: Domkirche St. Marien während des Abbruchs 1806, Stich

Alles begann wohl im 8. Jh. mit einer befestigten altsächsischen Siedlung zwischen den Mündungen von Alster und Bille. Nach der Etablierung des Karolingerreichs im Jahre 810 leitete der aus Skandinavien zurückkehrende Benediktinermissionar Ansgar das um das Jahr 832 gegründete Bistum Hamburg. Drei Jahre nach dem 845 erfolgten Überfall der Normannen wurde für den sich nach Bremen zurückgezogenen Ansgar das dortige Erzbistum geschaffen. In Hamburg verblieb deshalb zwar ein einflussreiches Domkapitel, jedoch ohne anwesenden Bischof – eine merkwürdige Sonderregelung. Bis zum 12. Jh. hinein blieb Hamburg ein Stützpunkt für die Missionierung skandinavischer und westslawischer Gebiete.

Der Schiffsanlegeplatz der Stadt, die bereits Handelsverbindungen unterhielt, lag an einem Zufluss der Alster (später Reichenstraßenfleet). Bis 1072 wurde Hamburg dreimal von den Slawen zerstört.

Vor 1200 bestand Hamburg aus zwei eigenständigen Siedlungen: der Altstadt vor der Domburg und der 1186 unter Graf Adolf III. von Holstein gegründeten Neustadt. Seit 1216 – noch während der erst 1225 beendeten dänischen Herrschaft – waren sie vereinigt. Die Grundlage für den wirtschaftlichen Aufstieg der Stadt bildete ein im 13. Jh. gefälschter Freibrief Kaiser Friedrichs I. mit dem Datum 7. Mai 1189. Aufgrund dieses Freibriefs konnte auf der Elbe freier Handel getrieben werden. Beide Stadtteile wählten 1190 einen Rat – der Anfang vom Ende der gräflichen Herrschaft. Das 1260 vereinigte Rathaus zog 1290 an die Trostbrücke am Hafen mit seinem Kran, seiner Waage und seiner Zollbude. Der Stadtrat setzte sich aus Kaufleuten, Brauern, Gewandschneidern und Schiffern zusammen.

Der Dom war eine politische Enklave inmitten der Stadt – erzbischöfliches Herrschaftsgebiet. Die Petrikirche war Marktkirche der Altstadt, Sankt Nikolai Marktkirche der Neustadt. Um 1230 wurde die Altstadt um das Katharinenkirchspiel erweitert. Um die Jahrhundertmitte folgte Sankt Jacobi mit großem, sich nach Osten erstre-

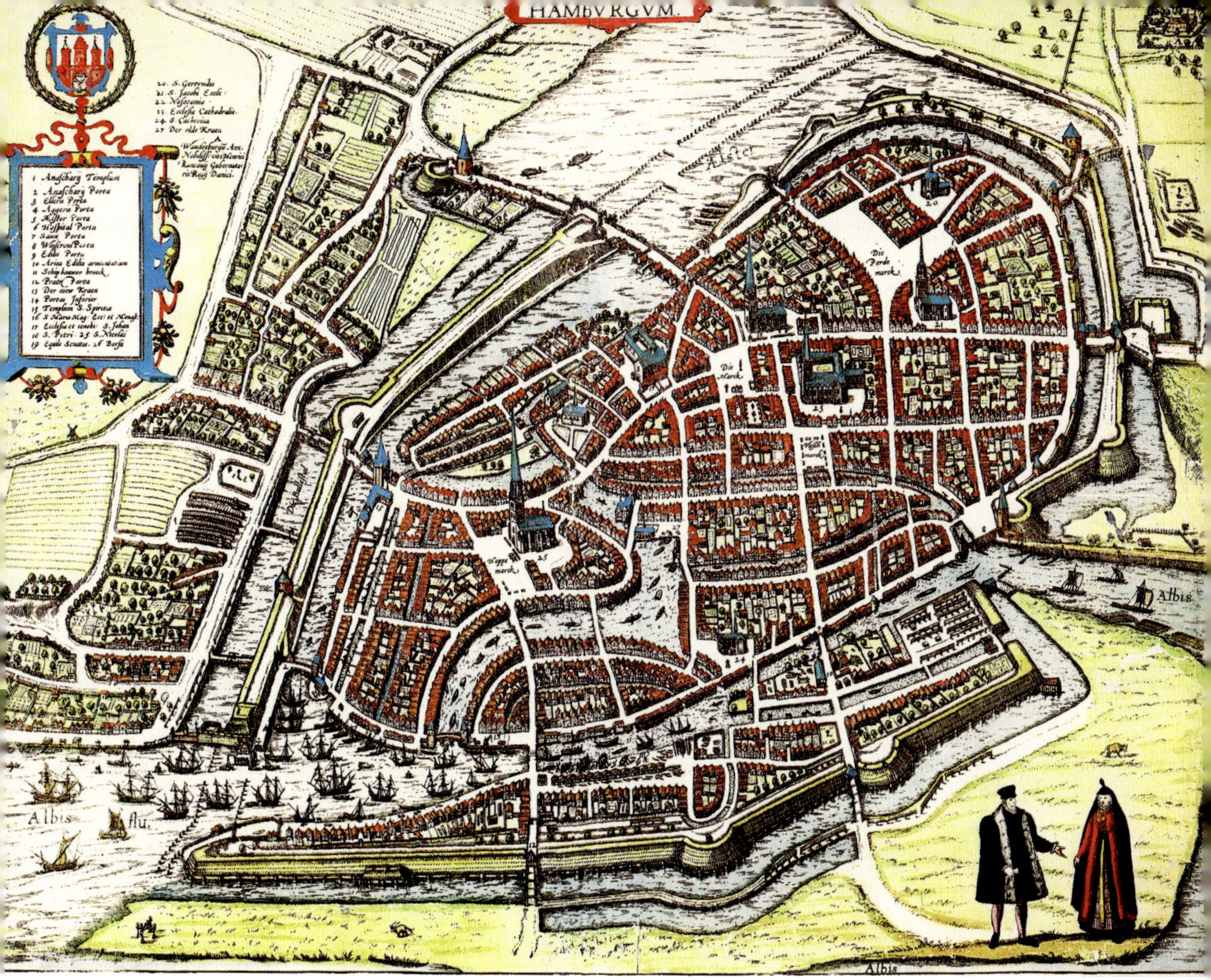

ckenden Kirchspiel. Diese Kirche wurde erst gegen 1260 von der neuen Stadtbefestigung umschlossen. Auch Franziskaner und Dominikaner ließen sich im 13. Jh. in Hamburg mit eigenen Kirchen nieder.

Es sind all diese geistlichen Institutionen, die die Knotenpunkte einer noch heute erkennbaren Stadtstruktur bilden. Während der Abbruch gotischer Klosterkirchen – 1807 Maria-Magdalena und 1829 St. Johannis – in einer längst lutherisch gewordenen Stadt keine Besonderheit bedeutete, stellt der Abbruch des Doms 1804–06 einen unerhörten Vorgang dar. Immerhin blieb bis heute die Gruppe von Türmen der fünf Hauptkirchen der entscheidende Akzent der Stadtsilhouette – wenn auch mit vielfachen Veränderungen des jeweiligen Ursprungszustands. St. Michaelis kam erst in der Barockzeit hinzu.

Bereits 1241 garantierte ein Bündnis mit Lübeck die gute Verbindung zwischen Nord- und Ostsee. Fortan bildeten beide Städte das „Rückgrat" der Hanse. Hamburg war nicht zuletzt als „Brauhaus der Hanse" bekannt: Um die Stadt lagen in großer Zahl Hopfengärten – ein Paradebeispiel des Zusammenhangs zwischen Stadtwirtschaft und Intensivkultur.

Die führenden Fernhändler in der Hamburger Altstadt waren seit dem 12. Jh. gleichzeitig Eigentümer der Brot- und Fleischschragen, der Schusterstände, der Wechsel- und sogar der

Stadtplan aus dem Kartenwerk von Braun/Hogenberg, 1589

unten: Reste des sog. Bischofsturms (neben St. Petri) – ein Wohn- oder Befestigungsturm, der wohl unter dem Bremer Bischof Bezelin-Alebrand (reg. 1035–43) errichtet wurde (Außen-/Innendurchmesser 19 m/11 m).

Badestuben. Offensichtlich wurde der Markt durch die Oberschicht beherrscht.

Die Einwohnerzahl stieg bis 1300 auf ca. 5 000, um 1450 waren es bereits 10 000 bis 15 000. Und dies trotz der in der Zwischenzeit erfolgten Pestepidemie (1350), bei der unter anderem auch 16 von insgesamt 21 Ratsmitgliedern starben!

1460 erlosch das Geschlecht der Holsteinischen Grafen (die sogenannten „Schauenburger"). Von da an fungierte der dänische König als nomineller Oberherr von Hamburg. 1510 stellte der Reichstag in Augsburg fest, dass Hamburg „reichsunmittelbar" sei. Dennoch ließ sich das Reichskammergericht bis 1618 Zeit, um Hamburg offiziell in seiner Eigenschaft als Freie Reichsstadt zu bestätigen. Dies geschah, um Ansprüche der dänischen Könige außer Kraft zu setzen. Allerdings verstanden sie sich trotzdem bis 1768 weiter als Landesherren der Stadt.

Hauptkirche St. Katharinen

Hamburger Fleet mit Reimersbrücke und Katharinenkirche 1863

Die hohe Kultur der deutschen Spätgotik ist in Hamburg besonders in der Malerei nachweisbar. Die Werke des Meisters Bertram, Meisters Francke und von Hinrik Funhof belegen dies glänzend. Aber auch die städtebauliche Leistung der damaligen gotischen Fachwerkstadt war großartig.

Der entscheidende Wandel für Hamburg kam im 16. Jh. Damals vollzog sich eine Neuorientierung auf allen Gebieten. Mitte des Jahrhunderts hatte die Stadt bereits 25 000 Einwohner – genauso viele wie das früher so mächtige Lübeck. Nun überflügelte Hamburg das alte „Haupt" der Hanse endgültig: Die Welt der frühen Neuzeit blickte in Richtung Westen – eine Folge der „Entdeckung" Amerikas durch Kastilien, wovon in erster Linie die spanischen Niederlanden tüchtig profitierten. Der Gründung der Antwerpener Börse 1531 folgte 1558 die der Hamburger als erste deutsche Börse. Von der religiösen Intoleranz Spaniens profitierte Hamburg in den 1560er Jahren durch den Einzug begabter niederländischer Flüchtlinge und knapp zwanzig Jahre später durch die Einwanderung jüdisch-portugiesischer Kaufleute, die von der iberischen Halbinsel vertrieben worden waren. Diese unterhielten Handelsverbindungen mit den spanisch-portugiesischen Kolonien und waren deshalb sehr willkommen. Seit 1529 war Hamburg faktisch lutherisch. Das Verhältnis zu den portugiesischen Juden, die zunächst

Blick über die Dächer der Stadt mit St. Petri (l.) und St. Jacobi (r.), ganz links Wasserspeier von St. Nikolai

als Christen angesehen wurden, verschlechterte sich im 17. Jh. so sehr, dass 1650 ein Reglement erforderlich wurde, das ihnen zumindest die private Religionsausübung gestattete. Man duldete die Minderheit der Reformierten. Aber weder Juden noch Reformierte durften eigene Gotteshäuser bauen.

1611 wurde die Hamburger Bank gegründet. 1616–25 erfolgte der Bau einer neuen Stadtbefestigung nach den modernsten Formen der niederländischen Bastionskunst. Sie schützte erfolgreich die Stadt während des Dreißigjährigen Krieges.

Hamburg erreichte 1662 eine Einwohnerzahl von 75 000. Die Stadt wurde für Deutschland und Nordeuropa zur Drehscheibe des Handels, der Geldwirtschaft, aber auch der Diplomatie und des Nachrichtenaustausches.

Der dänische König erhob 1664 Altona zur Stadt, die mit ihrem belebten Hafen für Hamburg eine dauerhafte Konkurrentin wurde. Ein Jahr danach gründeten die Hamburger die Commerzdeputation, die die eigenen Interessen wahren sollte.

An der Wende des 17. zum 18. Jh. strahlte Hamburg als Kulturzentrum aus. Noch vor 1700 wurde der Orgelbauer Arp Schnitger europaweit bekannt. So ist es keine Überraschung, wenn sogar der portugiesische König eine Orgel von Schnitger erwarb, die letztlich in der barocken Kathedrale von Mariana in Brasilien landete. Noch heute wird dort ihr Klang bewundert. 1678 wurde die erste bürgerliche Oper Europas errichtet; sie lag am Gänsemarkt. Kein geringerer als Georg Philipp Telemann leitete sie zwischen 1722 und 1738. Sein Nach-

Bleichenfleet

Blick auf Nikolaiturm (l.) und St. Katharinen (r.)

folger als Hamburger Musikdirektor war Carl Philipp Emanuel Bach. Sein Vater Johann Sebastian hatte allerdings 1720 bei seiner Anstellungsbewerbung für die Jacobikirche keine Chance gehabt – sicher aus heutiger Sicht zum Nachteil Hamburgs. Ebenfalls am Gänsemarkt wurde 1767 ein Schauspielhaus eröffnet, das „Nationaltheater", an dem Gotthold Ephraim Lessing wirkte. Es war bereits die Zeit der Aufklärung, in der Hamburg 1765 mit der Gründung der „Gesellschaft zur Beförderung der Künste und nützlichen Gewerbe" (die Patriotische Gesellschaft) eine vorbildliche Einrichtung schuf. Leider wurden in Hamburg orthodoxe Lutheraner zu Erzfeinden der Aufklärung.

Die Nachrichten über die Französische Revolution wurden 1789 mit Begeisterung aufgenommen. Die Herrschaft der Jakobiner verursachte die Flucht vieler französischer Emigranten, die nicht zuletzt in Hamburg ein neues Zuhause fanden. Als Folge der Revolution wurde die Stadt zum wichtigsten Einfuhrhafen für Kolonialwaren aus Amerika und England. 1806 besetzten die Franzosen die Stadt; die von ihnen erklärte Kontinentalsperre legte den Hafen lahm. Es sollte noch schlimmer kommen: 1812 wurde die Stadt einfach in das französische Empire „einverleibt". Die französische Besatzung zog Mitte Mai 1814 ab, und erst dann konnten die meisten der 20 000 vertriebenen Hamburger zurückkehren. Ein

Millerntorwache, Millertordamm 2, 1820 von Carl Ludwig Wimmel

oben: ABC-Straße, eines der wenigen Ensembles klassizistischer Bauweise um 1830 im Stadtkern. Der Straßenname verweist darauf, dass die Häuser ursprünglich nach Buchstaben unterschieden wurden.

Jahr später trat die Stadt dem Deutschen Bund bei. Nach dem Wiener Kongress nannte sich Hamburg ab 1819 „Freie und Hansestadt". Handel und Wirtschaft verbesserten sich in der zweiten Dekade, als die Stadt mit den in der Zwischenzeit von Spanien emanzipierten Staaten Südamerikas kommerzielle Bindungen schloss, ebenso wie mit den Vereinigten Staaten.
Die Wallanlagen verschwanden 1820–32 und wurden zu Parks bzw. Promenaden umgewandelt. Dampfschifffahrt und Eisenbahn beschleunigten die Entwicklung der Stadt entschieden. Die Brandkatastrophe von 1842, die in ca. 80 Stunden ein Drittel der alten Stadt eingeäschert hatte, wurde letztlich weniger als Rückschlag, denn als Gelegenheit für einen Städtebau im klassizistischen Stil gesehen, um damit Hamburg in eine moderne Metropole zu verwandeln. Das gelang überall dort, wo das Feuer gewütet hatte. Alexis de Chateauneuf und Gottfried Semper planten den regelmäßigen Wiederaufbau mit breiten Straßen und geraden Perspektiven, eine Stadtstruktur, völlig anders als die über die Jahrhunderte gewachsene und in der Feuersbrunst vernichtete. Auch Änderungen der politischen Institutionen zählten zu den gewichtigen Folgen des Brandes: Die neue Verfassung von 1860 verwandelte den Rat in einen „Senat", der von 160 Männern, der sogenannten „Bürgerschaft", gewählt wurde. Durch die Verfassung wurde

Englische Kirche, Zeughausmarkt 22, 1838 von Ole Jörgen Schmidt, klassizistischer Putzbau

Zeughausmarkt. Seinen Namen erhielt der Marktplatz am ehemaligen Millerntor von dem Artilleriezeughaus, das 1661 bis 1826 an der Stelle der Englischen Kirche stand. Nach dem Abbau der Wallanlagen um 1820 wurde der Platz neu gestaltet. Es entstand 1824–27 eine klassizistische Randbebauung durch Carl Ludwig Wimmel.

oben: Bleichbrücke, 1844/45 von Johann Hermann Maack erbaut, 1972 rekonstruiert. Sie ersetzt eine hölzerne Vorgängerbrücke, die 1842 zerstört worden war. Im Hintergrund das Bankgebäude von Martin Haller, 1883–1902, Wiederaufbau um 1950

endlich auch Religions- und Pressefreiheit verbürgt. 1866–67 trat Hamburg dem Norddeutschen Bund bei und verlor somit zahlreiche Hoheitsrechte seiner bislang bestehenden Eigenstaatlichkeit.
Der Überseehandel erfuhr in dieser Zeit einen sprunghaften Aufschwung. Hamburg wurde faktisch zum „Tor zur Welt". Während um 1800 bereits gut 100 000 Einwohner in der Stadt lebten, vervierfachte sich diese Zahl 80 Jahre später. 1860 wurde die Torsperre aufgehoben, was eine Besiedlung außerhalb der Alt- und Neustadt ermöglichte. Noch bis 1836 schloss man die Tore um 11 Uhr abends und öffnete sie nicht vor Sonnenaufgang. Obwohl es keine Stadtmauer mehr gab, entstand um 1852 ein letztes Tor in Hamburg: das Holstentor.
Hamburg blieb sogar nach Gründung des Reiches 1871 Zollausland. Der „Zollanschluss" erfolgte erst 1881–87, davon ausgenommen aber blieb der Hafen.
Ende des 19. und im frühen 20. Jahrhundert wuchs die Stadt rasant. Historistische Neubauten prägten nun das Stadtbild. Unter anderem wurde die Cholera-Epidemie von 1892 mit über 8 000 Toten ein Anlass zu radikalen „Sanierungsmaßnahmen", die wohl noch mehr als der Brand genau fünfzig Jahre zuvor das Ende der alten Stadt besiegelten. Die Hamburger Innenstadt wurde in der Folgezeit und bis in die 1930er Jahre hinein kahlgeschoren, jedoch mit einigen Pluspunkten, allen voran das neue Kontorhausviertel, das weltweit seinesgleichen sucht. 1910 erreichte die Stadt eine Million Einwohner. Die Tätigkeit von dem aus Bremen stammenden Fritz Schumacher als Hamburger Oberbaudirektor in den Jahren 1909 bis 1933 war ein beispielloser Glücksfall für die Stadt. Schumacher

Hotel Atlantik, An der Alster 72–79, 1909 von Boswau & Knauer, repräsentativer Hotelbau des Historismus

links: Bismarck Denkmal von 1902 – monumentales Denkmal des Nationalstolzes um 1900

Jungfernstieg, um 1900

Schule Krausestraße

Am Hafen/Landungsbrücke, heutige Ansicht

Mönckeberg-/ Spitalerstraße, Historistische Geschäftsbauten

gelang es, die „Idee" Hamburg als nordisches Stadtwesen über alle geschichtlichen Zwischenfälle zu retten – bis heute.

Der Katastrophe des Ersten Weltkriegs folgten die Goldenen Zwanziger Jahre. Nach dem Niedergang von 1918 entschied sich die große Mehrheit der Hamburger für die demokratischen Parteien, für die neue Republik. Dieser Prozess verlief aber alles andere als geradlinig, und es kam zu einer Verschärfung der politischen Auseinandersetzung, die sogar Tote forderte. Der Aufschwung ließ bis 1924 mit der Stabilisierung der Währung auf sich warten. Trotzdem ist während der schlimmsten Krisenjahre kulturell Hervorragendes geleistet worden: die Universitätsgründung 1919, der Bau der Finanzdeputation ab 1918 und des weltberühmten Chilehauses 1922–24, die Planung und Errichtung von Siedlungen wie dem Dulsberg 1919 mit der bis 1923 errichteten Schule Krausestraße und vieles

mehr. Dem Glanz war jedoch nur kurze Dauer beschieden. Der Börsenkrach von 1929 in New York hatte auch für Deutschland verheerende Folgen: 6 Millionen Arbeitslose im Jahre 1932. In der Retrospektive waren die 1920er insbesondere für Hamburg und Berlin ein wahres Goldenes Zeitalter, das allerdings permanent gefährdet war und mit der Zerstörung der parlamentarischen Demokratie durch die Nationalsozialisten definitiv zu Grabe getragen wurde. Nicht von ungefähr werden heute beispielsweise die ab 1919 gefeierten Künstlerfeste, Ausdruck lang unterdrückter Lebensfreude, als „Tanz auf dem Vulkan" bezeichnet.

Gut zwei Jahre vor Ausbruch des Zweiten Weltkriegs schuf das „Groß-Hamburg Gesetz" mit Angliederung der ehemals preußischen Städte Altona, Harburg-Wilhelmsburg und Wandsbek sowie weiterer 46 Landgemeinden die heutige Stadtfläche. Die Einwohnerzahl stieg damit auf 1,7 Millionen.

Die Bevölkerung wurde allerdings bald unaufhaltsam vom Tode bedroht: ab 1933 waren zunächst Oppositionelle und Minderheiten betroffen, ab 1939 Soldaten und ab 1943 die Zivilbevölkerung. „Hamburgs Weg in den Feuersturm" wird diese verhängnisvolle Talfahrt genannt. Leider musste Hamburg die erste durch ihre ungeheuerliche Wucht in die Geschichte eingegangene Flächenbombardierung erleben. Die britischen Luftangriffe hinterließen zwischen dem 25. Juli und dem 3. August 1943 mit 2 500 Flugzeugen ein Saldo von über 31 000 Toten und 125 000 Verletzten – Hamburg bekam so den Bombenangriff der deutschen Luftwaffe auf Coventry in 60-facher Stärke zu Spüren. Offenbar glaubten die Alliierten, im Namen Gottes zu handeln, sie gaben ihrer Operation den biblischen Namen „Gomohrra". Der anschließende Kommentar vom Chef des Bomber Command, Air Marshal Arthur Harris, ist erschütternd: „Ich wollte in Hamburg immer einen massiven Angriff. Es war die zweitgrößte Stadt Deutschlands, und ich wollte eine riesengroße Schau abziehen."

Etwa die Hälfte Hamburgs lag in Ruinen, je nach Quartier mit sehr unter-

Eingangsgebäude des alten Elbtunnels 1911 von Raabe & Wöhlecke. Der erste Autotunnel unter der Elbe war eine technische Innovation, die Architektur ein erstes großes Monument des Automobilzeitalters – ein Kuppelbau, der sich an dem großen Vorbild des antiken Pantheon in Rom orientiert.

Die Stadt nach den Zerstörungen im 2. Weltkieg

Bürogebäude ADA 1, An der Alster 1, 2007 von J. Meyer H. Architekten. Städtebaulich exponiert an der Schnittstelle zwischen Innenstadt und Wasserlandschaft der Außenalster gelegen, prägen horizontal angeordnete, gerundete Fensterbänder die Fassaden des Bürogebäudes.

schiedlichem Zerstörungsgrad. Am schlimmsten betroffen waren Hamm, Hammersbrook und Rothenburgsort, aber auch Bezirke wie Barmbek, Wandsbek, Dulsberg, Eilbeck, Hohenfelde, St. Georg, die Neustadt, Horn, Altona und Eimsbüttel erlitten große Verstümmelungen.

Der Wiederaufbau muss menschlich bzw. architektonisch unterschiedlich beurteilt werden. Sicherlich war die Wiederbelebung und Rekonstruktion der sich in einem desaströsen Zustand befindlichen Stadt eine großartige, heute nur noch von wenigen nachvollziehbare Leistung. Andererseits erscheint mittlerweile die nach Kriegsende in Fleisch und Blut übergegangene Überzeugung völlig naiv, dass nur politisch unbelastete Architekten und die Demokratie in der Lage gewesen seien, eine gute neue kulturelle Welt zu schaffen. In der Weltgeschichte wurde niemals menschliches Talent von der politischen Couleur bestimmt! Spiritus Rektor des Wiederaufbaus war Bürgermeister Max Brauer, der gerade aus dem Exil zurückkam. Leider boten die Kriegszerstörungen Anlass zur Verwirklichung der schon 1940 geplanten Ost-West-Straße, eines tiefen Schnitts mitten durch die Fläche der alten Stadt. Es empfiehlt sich, selbst die schnell berühmt gewordenen Grindelhochhäuser in Harvestehude mit nur diskreter Begeisterung zu feiern.

„Die Stadtplanung verkümmerte unter Oberbaudirektor Werner Hebebrand (1952–64) zu einem abstrakten Beziehungsgeflecht von Entwicklungsachsen und Bebauungs- und Besiedlungsdichten. Stadtgestalterische Aspekte wurden sträflich vernachlässigt." (Ralf Lange) Erst im Laufe der darauffolgenden Jahrzehnte besserte sich diese Situation, die letzten 15–20 Jahre stellen dabei einen spürbaren Sprung nach vorne dar. Heute scheint den Hamburgern bewusst zu sein, dass sie eine eindrucksvolle sowie liebens- und erhaltenswerte Stadt besitzen, die Einheimischen wie Besuchern ungemein viel zu bieten hat.

ARCHITEKTURGESCHICHTE UND STADTGESTALT

Hamburg war die wohl größte Fachwerkstadt Deutschlands. Bis tief in das 19. Jh. hinein wurde kontinuierlich in Sichtfachwerk gebaut, vereinzelt sogar noch nach dem großen Stadtbrand von 1842. Die amphibische Stadt mit ihrem Hafen, ihren Fleeten und der Binnenalster war ein eindrucksvolles Stadtgebilde von größter Geschlossenheit. Diese ist durch zahlreiche Grafiken des 16. bis frühen 20. Jhs., Fotos der Periode 1850–1900 sowie durch Stadtmodelle gut dokumentiert. Um eine lebendige Vorstellung zu gewinnen, wie in etwa Hamburg im Mittelalter und in der Frühen Neuzeit ausgesehen hat, empfiehlt sich ein Besuch der vorzüglich erhaltenen Städte Stade und Lüneburg. Beide liegen im Großraum Hamburg und können darüber hinwegtrösten, was aus der Fläche der Hamburger Innenstadt in vier Schritten verschwunden ist: beim großen Brand von 1842, beim Bau der Speicherstadt, bei den Sanierungen nach 1900 und schließlich im Zweiten Weltkrieg.

Da fast alle Bauten Hamburgs Fachwerkhäuser waren, versteht sich von selbst, dass die Leiter des Bauhofs immer Zimmermeister waren. Ein abwegiger Prozess in der Kunstgeschichtsschreibung hat dem Fachwerk seine Bedeutung absprechen und es von der „echten" Architektur trennen wollen. Nur so ist das große Unwissen über die Bedeutung Alt-Hamburgs zu verstehen, was sich nicht nur in der Meinung von Laien niederschlägt. Beispielsweise liest man in einem

Kehrwieder im 19. Jh.

2003 veröffentlichten Buch: „Noch um 1800 bot die Stadt für das Auge wenig Attraktives" (Eckhart Hannmann: Die Entwicklung von Denkmalschutz und Denkmalpflege).

Die Grenzen des Fachwerks für den Bau von Häusern und mittelgroßen Gebäuden wie Spitälern oder Schulen, seltener Schlössern, liegen in der Natur seiner Technik. Dass sich vor allem große Kirchen nur in Backstein oder Naturstein bauen lassen, ist klar. Dies spricht lediglich für eine andere Ebene architektonischer Aufgaben, die weder besser noch schlechter ist, sondern eben nur anders. Das Besondere in Hamburg war das Nebeneinander und die Durchmischung von Backstein und Fachwerk, wie es heute noch in Flächendenkmälern wie der Stadt Salzwedel der Fall ist. Gewiss haben die Hamburger vornehme Häuser auch in Backstein gebaut – seit 1250 sind Steinhäuser belegt –, so das spätmittelalterliche „Englische Haus". Insbesondere im Barock entstanden ganze Straßenzüge in massiver Bauweise, wie der „Neue Wandrahm". Daneben wurde in Deutschland vom Adel bis in die Barockzeit hinein der Fachwerkbau gefördert. Selbst Fürsten wie Herzog Anton Ulrich von Braunschweig-Wolfenbüttel ließen sich Fachwerkschlösser bauen – und nicht gerade kleine.

Hamburg bot die Möglichkeit, in eine schier unendliche, abstrakt-geometrische Welt des Fachwerks einzutauchen. Haus für Haus formte sich zu scheinbar unendlichen Giebelreihen,

Dovenfleth/Ecke Hinter der Lembkentwiete im 19. Jh.

oben links: Spitalerstraße im 19. Jh.

oben rechts: Breite Straße im 19. Jh.

die die Straßen und Fleeten säumten. Eine außerordentlich lange Fachwerk-„Wand" bot das Ufer „Kehrwieder" (s. S. 19).

Das Stadtgeflecht verdichtete sich im Laufe der Jahrhunderte mehr und mehr, insbesondere durch die Gänge. Der dort herrschende Mangel an Sauberkeit lag natürlich nicht an der Fachwerk-Bauweise. Mit dem selben Argument hygienischer und sanitärer Verbesserung fiel in den ersten Jahren des 20. Jhs. das im schlichten Kolonialbarock erbaute Rio de Janeiro der Spitzhacke zum Opfer – Rio war größtenteils massiv gebaut! Trotz Anpassung an die Infrastruktur der Moderne haben andere großflächige Fachwerkstädte bis heute überdauert: Quedlinburg oder Goslar. Weitere Flächendenkmäler in Fachwerk, wie Braunschweig, schrumpften erst im Bombenhagel des Zweiten Weltkriegs, trotzten dennoch der völligen Vernichtung. Im Klartext: Ganze Viertel Alt-Hamburgs hätten ohne Abrisse und vielleicht teilweise sogar trotz des Krieges bis heute überdauern können. Noch bis 1943 war die große Zahl von 2 000 „Bürgerhäusern" erhalten. Um eine solche Menge zu würdigen, sollte man sich vergegenwärtigen, dass auch Quedlinburg und Rouen heute nicht mehr als diese Zahl an Fachwerkhäusern aufweisen, nur Nürnberg und Hildesheim besaßen vor dem Krieg mehr.

Das Hamburger Bürgerhaus war als Fachwerkbau eine Variante des niederdeutschen Typs: giebelständig,

Bergedorf, Haus Alte Holstenstr. 84

Kaufmannsdiele im Museum für Hamburgische Geschichte

schmal und unterschiedlich hoch. Insgesamt gesehen war es seltener mit Schnitzwerk geschmückt als in anderen Städten wie Lemgo oder Einbeck mit ihrem prächtigen Renaissancefachwerk. Eine Ausnahme bildete jedoch z. B. das Pastorat St. Petri. Die schlichten Formen dürften auf die Dominanz des Fachwerks aus dem späten 17. sowie dem 18. und 19. Jh.

Deichstraße

herrühren, als die Schmuckformen allgemein reduziert waren. Die Ausfachung erfolgte meist in Sichtbackstein. Seit ca. 1800 und unter dem Einfluss des Klassizismus wurden einzelne Fassaden begradigt, verputzt und erhielten einen Kranzgesims-Abschluss (s. S. 21 oben rechts, die zwei Häuser rechts). Der klassisch bedingte Putz-Komplex setzte sich jedoch in Hamburg nicht richtig durch, so dass die meisten Fachwerkhäuser unverputzt blieben bzw. weiterhin als Sichtfachwerk gezimmert wurden. Eine auffällige Besonderheit ist für einige Häuser das in Weiß gefasste Gebälk (ab 1600?), wie es ähnlich bei einigen spätgotischen Fachwerkbauten Englands nachgewiesen ist (Paycocke's House in Coggeshall, Little Hall in Lavenham).

Das Hamburger Haus vereinte Wohn- und Wirtschaftsfunktion. Die hohe Diele im Erdgeschoss diente als Verkaufshalle und Verpackraum. Die Schreibstube lag neben dem Dieleneingang – das spätere „Kontor". Die Hauptfeuerstelle in der Diele war auch z. T. für das Bierbrauen bestimmt. Von den früher tausenden Häusern sind äußerst wenige erhalten. Ein Anschauungsobjekt ist heute die repräsentative Kaufmannsdiele im Museum für Hamburgische Geschichte (s. S. 22

Deichstraße, Giebel

Hiobs-Spital im 19. Jh.

links: Haus Lange Reihe 30–32

rechts: Ehemaliger Bauhof, Zwickel mit der „Architectura"

oben). Dabei handelt es sich um ein *mixtum compositum* aus mehreren abgerissenen Häusern: Balken-Bohlendecke aus Grimm 31, Treppe und Galerie-Geländer aus Große Reichenstraße 38. Die Diele selbst ist ein Nachbau des 1585 erbauten Hauses Deichstraße 53.

Von den stolzen Giebelreihen von damals hat nur eine Handvoll überdauert, so zum Beispiel an der Deichstraße (Abb. S. 22 und 23) – ausgerechnet dort, wo der wütende Brand 1842 seinen Anfang nahm.

Als besondere Fachwerkbauten der Vergangenheit sind das alte Hiobs-Hospital an der Spitalerstraße (Abb. S. 23) und der Bauhof hervorzuheben. Ersteres wurde 1505 für die Pflege von Syphiliskranken gegründet und im 18. Jh. zu einer wohlproportionierten Anlage des Barock mit langen Fensterbändern umgebaut. Der Bauhof am Meßberg war eine 1666–75 gezimmerte, ungemein ausgedehnte Vierflügelanlage um einen riesigen mittigen Werkplatz. Die Seitenlängen wiesen jeweils über 70 Achsen auf. Da die Portale sehr aufwendig geschnitzt waren, hat man sie bei dem etappenweisen Abriss im 19. Jh. geborgen. Heute sind sie im Museum für Hamburgische Geschichte zu sehen. Das Relief einer der Portalzwickel mit einer Allegorie der Architektur gab Anlass zu einer vermeintlichen Verbindung zu Palladio. So viel man auch darüber schreiben mag, der Bauhof war das Gegenstück einer palladianischen Architektur: ein strenger niedersächsicher Sichtfachwerkbau mit einer parterre völlig in Fenstern aufgelösten Südost-Ecke und zahlreichen, das Walmdach belebenden Zwerchhäusern. Sein Architekt war der Zimmermann Hans Hamelau, der auch das hochbedeutende (und leider ebenfalls zerstörte), am Hafen stehende Baumhaus errichtet hatte. Das niederlän-

Harburg, Lämmertwiete

disch-manieristisch geprägte Baumhaus trug als Nachkömmling der Hamburger Börse wie diese und auch die Neue Waage ein geschweiftes Dach. Letztlich ging diese Form auf die spätgotische Bedachung der Annakirche in Annaberg um 1515 zurück, die deutlich älter als das Dach des Umbaus der Basilika von Palladio in Vicenza war (begonnen 1549) und auch für das Dach von Bonifaz Wolmuet im Prager Belvedere Pate gestanden hatte (1557–63).

Der Fachwerkbestand der Hamburger Innenstadt ist heute – anders als in den umgebenden Orten wie Buxtehude, Jork, Stade oder Winsen – zerstreut und vereinzelt erhalten, manchmal sogar rekonstruiert, wie das Haus Lange Reihe 30–32. Auch in der früher eigenständigen Stadt Harburg ist der Fachwerkbestand auf ganz wenige Straßenzüge wie die Lämmertwiete geschrumpft. Als Fachwerklandschaft gehört das „Alte Land" westlich von Hamburg zu den bedeutendsten in Deutschland.

Von den nicht mehr existierenden Profanbauten Hamburgs schmerzt der Verlust der erwähnten Börse von 1577–83 am meisten, war sie doch typologisch ein Unikum und das früheste derartige Gebäude in Deutschland. In der Art mancher Rathäuser stand das Erdgeschoss der Börse frei und leer, vorne von Pfeilerpaaren getragen. Darüber erhob sich das großzügig befensterte Börsenhausgeschoss unter einem Schweifdach, errichtet in der Tradition des Dachs der Annakirche im sächsischen Annaberg von 1515.

Windmühlen gehörten in früheren Jahrhunderten selbstverständlich in das Stadtbild: Eine große stand sogar noch 1852 an der Lombardsbrücke zwischen Binnen- und Außenalster. Heute sind solche Mühlen aus der Stadtfläche verschwunden und nur in Gebieten zu finden, die 1937 in die Stadt einverleibt wurden. Ein Beispiel dafür ist die Windmühle in Curslack, die allerdings eini-

Jork

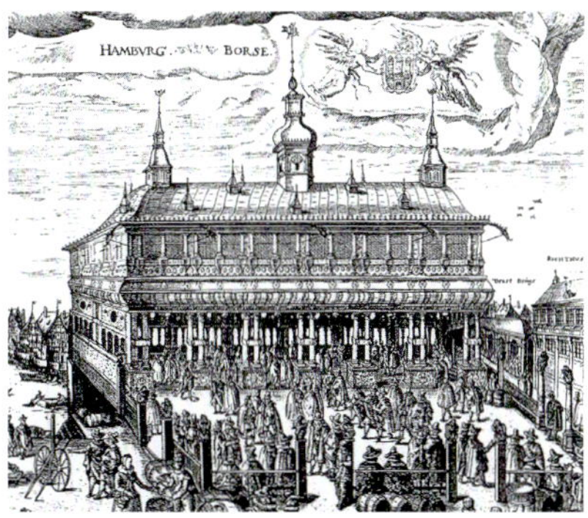

Börse, Kupferstich von F. Dircksen 1606

Mühle in Curslack

Dom, Kupferstich von Peter Schenk um 1700

ge hundert Meter von ihrem ursprünglichen Platz transloziert wurde. Dass eine am Wasser gelegene und von Wasserläufen durchzogene Stadt wie Hamburg Mühlen besaß, versteht sich von selbst. Auf einem Plan des 17. Jh. zählt man fünf.

Von den nicht mehr vorhandenen Sakralbauten vermisst man den Dom und die Gertrudenkapelle am meisten. Mit dem 1804–06 erfolgten Abriss des Doms (Abb. S. 8) verschwand nicht nur ein architektonisches Hauptwerk Alt-Hamburgs, sondern einer der Kerne der Stadtgeschichte samt Domimmunität, Kreuzgang und vieler Anbauten. Auch ein sichtbares Zeichen der schwesterlichen Geschichte von Hamburg und Lübeck verschwand dabei: Erinnerte doch der Domturm mit seinen vier spitz endenden Scharwachthäuschen stark an die Lübecker Petrikirche. Allerdings waren diese Türmchen bereits kurz vor dem Abriss des Hamburger Doms beseitigt worden. Offenbar war die Hamburger Bürgerschaft nach der Säkularisation von 1802 nicht bereit, die Kosten zur Erhaltung des Doms aufzubringen, den sie ohnehin als Symbol einer ehemaligen „fremden Herrschaft" ansah. Der Dom war eine bemerkenswerte, zur Hallenkirche umgebaute frühgotische Basilika mit dem zusätzlichen zweischiffigen „Schappendom" und dessen wertvollsten Netzgewölben –

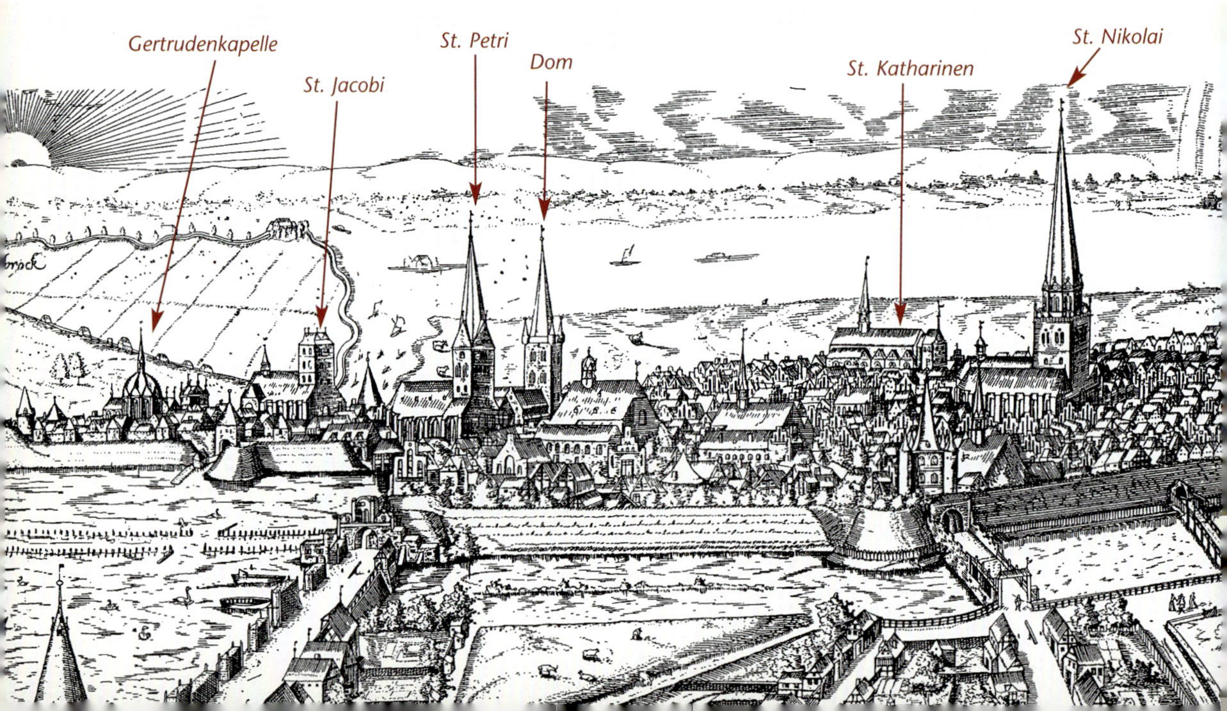

„Prospect" von Hamburg von Daniel Freese (Stich von J. Greve) 1587

Speicherstadt mit St. Katharinen und St. Nikolai

Außenalster mit (von l. nach r.) St. Jacobi, St. Katharinen, St. Petri, St. Nikolai, Rathaus

Binnenalster mit (von l. nach r.) St. Jacobi, St. Petri, St. Katharinen, Rathaus und St. Nikolai

oben: Gertrudenkapelle, Rekonstruktion des Zustands um 1500

unten: St. Petri, Kanzelbekrönung (ehemals Sakramentshaus)

bis heute eine nicht zu schließende Lücke in der Geschichte der norddeutschen Spätgotik. Von Süden gesehen erinnerte der Dom mit seinen Giebelreihen an die westfälische Gotik (Herford, Lippstadt, Osnabrück). Das Verschwinden einer Kathedrale ist europaweit ein so seltenes Phänomen, dass es Hamburg als einer Stätte der Hochkultur nicht gerade schmeichelt. Man weiß von einigen wenigen Extrem-Beispielen: von der während der spanischen Comuneros-Revolte Anfang des 16. Jh. zerstörten Kathedrale von Segovia (die allerdings ab 1525 prachtvoll neu gebaut wurde) oder von den in der französischen Revolution Ende des 18. Jh. zerstörten Kathedralen von Arras und Cambrai. Solche Anlässe gab es in Hamburg jedoch nicht.

Die Gertrudenkapelle war zwar wesentlich kleiner als der Dom, typologisch aber bedeutender, weil einer der wenigen Zentralbauten der Gotik (weiteres Beispiel: Kloster Ettal vor der Barockisierung oder die Karlskirche in Prag). Das 1392 begonnene Achteck der Kapelle überstand ohne sein Dach und sein Gewölbe den Brand von 1842, wurde anschließend jedoch abgerissen. Die besonders wertvolle spätgotische Kuppelhaube der Gertrudenkapelle mit Giebeln und konkaven Seiten war ursprünglich mit Schiefer gedeckt, die Gratlinien waren mit Kriechblumen/Krabben – sicherlich aus Blei – besetzt. Vielleicht stammte diese 1727 mit Kupfer erneuerte Kuppel aus der Zeit um 1500, vielleicht sogar aus der ersten Bauphase um 1400. Jedenfalls war die geschweifte, krabbenbesetzte Haube ein vom Sakramentshaus von Sankt Petri (um 1400) bekanntes Motiv. Dort hat es sich als heutige Kanzelbekrönung erhalten.

Trotz allen Veränderungen hat Hamburg seine turmreiche, identitätsstiftende Silhouette bewahrt: Aus allen Richtungen treten die emporsteigenden Türme in Erscheinung. Eindrucksvoll ist der Blick von Süden, mit der Speicherstadt im Vorder- und den Türmen im Hintergrund, ebenso sind es die berühmten Panoramen von der Alster aus (s. Abb. S. 26, 27).

Das 1605 von Hein Baxmann erbaute manieristische Südportal von Sankt Peter, das 1755 wiederhergestellt wurde und sich heute im Museum für Hamburgische Geschichte befindet, blieb ohne stilistische Nachfolge. Die verblendeten Renaissancearkaden an der Turm-Westseite von Sankt Katharinen verschwanden 1732.

Während des 17. Jhs. veränderte man das Profil der Helme über den Kirchtürmen. Nur der Helm von St. Petri

und der ihm benachbarte am Dom blieben gotisch. Der damals vielbewunderte, 135 m hohe Spitzhelm von Sankt Nikolai (1517), der höchste der Stadt, musste nach seiner Zerstörung 1657 von Marquard ersetzt werden. Größere Veränderung brachte das 18. Jh. mit den bekannten Architekten Johann Leonhard Prey und Ernst Georg Sonnin. Letzterer, der erst 1794 starb, sorgte bereits für den Übergang zum Frühklassizismus, wie der Michel, Turm der Michaeliskirche, zeigt. Obwohl alle Perioden vor dem Klassizismus zum Teil eine beträchtliche Formenerneuerung mit sich brachten, war die architektonische Entwicklung in Hamburg, wie vielerorts in Deutschland, bis Ende des 18. Jahrhunderts von regionaler Kontinuität gekennzeichnet. Natürlich änderte sich der „Rahmen" der Stadt mit dem Bastionenwerk *à la hollandaise* im 17. Jh., wie in fast jeder größeren deutschen Stadt. Dennoch blieb Fachwerk und Backstein die übliche Bauweise, wie

oben links: Wandsbek, Schimmelmann-Mausoleum, 1790

oben rechts: Altona, Haus Baur, Palmaille 45–49, 1801/02 von Christian Frederik Hansen, der Motive der Villen Palladios aufgriff

unten links: Südliche Bebauung der Palmaille, um 1800

unten rechts: Görtz-Palais, Neuer Wall 86, 1710 von Johann Nicolaus Kuhn, 1776 verputzt und weiß gestrichen, Rekonstruktion von 1954

Altona, Palmaille, Kupferstich um 1810 (links) und heute (rechts und unten), Häuser von C. F. Hansen 1797–1804

z. B. selbst bei der neuen St. Michaeliskirche.

Erst mit dem Klassizismus fand eine schrittweise Abwendung von den Hamburger Traditionen statt: Der neue Stil sollte die regionale Bautradition in vielen Variationen ersetzen. Formen und Materialien (Sichtbackstein, hohe Dächer, Fachwerk), die jahrhundertelang vorherrschend waren, sollten nach und nach verschwinden. Stellvertretend für den geschmacklichen Wandel steht das Görtz-Palais – ein Backstein-Werksteinbau von 1710, der 1776 verputzt und weiß gestrichen wurde.

Einer der ersten klassizistischen Bauten im heutigen Stadtgebiet war das Mausoleum von Schimmelmann in Wandsbek von 1790 – ein „Kind" des Kopenhagener Klassizismus. Für die Elbvororte Hamburgs wurde die klassizistische Bauweise bestimmend. Altona war von 1640 bis 1864 dänisch. Dort entstanden die aristokratisch anmutende Palmaille (mit Häusern von Christian Frederik Hansen, 1797–1804) und viele weiß gestrichene Landhäuser wie das „Landhaus Baur", das „Weiße Haus" (Elbchaussee 547), das „Elbschlösschen" von Nienstedten, das „Landhaus Godeffroy", das „Jenischhaus", das „Hirschparkhaus" und das „Säulenhaus" (Elbchaussee 186). Dazu mehr ab Seite 167.

Selbstverständlich ist der frühe Klassizismus als erste Phase des Historismus zu betrachten, d. h. der Rezeption der Antike. Dem Diktat des Klassizismus, der sich auf die griechische Antike berief und deshalb als „demo-

Straße hinter St. Petri = Bergstraße 1837 und 1840

kratisch-universell" verstand, gesellte sich das Diktat der politischen Verhältnisse hinzu: zunächst die französische Besatzung Hamburgs ab 1806. 1811–14 war Hamburg Teil des französischen Kaiserreichs. Nach den Napoleonischen Kriegen hatte in vielen Regionen Deutschlands die preußische Dominanz zur Folge, dass Bauentwürfe vom preußischen Oberbaudirektor Schinkel in Berlin genehmigt werden mussten, sei es für Aachen, Othmarschen oder Breslau. Dieser Vorgang ermöglichte, ungeachtet der Fruchtbarkeit mancher Berliner Prinzipien und individueller Qualitäten, eine vereinheitlichte Baukunst, die oft mit der älteren Baukultur brach.

Die Wandlung des Stadtbildes geschah daher schon vor dem großen Brand von 1842, wie die „Straße hinter St. Petri" in ihrem Zustand 1837 und drei Jahre später, als sie in „Bergstraße" umgetauft wurde, zeigt: Das freie Spiel der Bauvolumina, die belebte Dachlandschaft, die unebene Hausflucht und das spannend Winklige der Fachwerkgiebel wurden in eine konventionelle, gleichförmige Perspektive transformiert. Die Straße war jetzt auch deutlich breiter, die Häuser waren verputzt und weiß gestrichen.

Dennoch gab es gleichzeitig einen ersten Versuch, wieder an die Lokaltradition anzuknüpfen: der Bau in Sichtbackstein. Ausgerechnet das Haus der „Patriotischen Gesellschaft", 1844–47 von Theodor Bülau erbaut, verkörpert dieses Anliegen, wie vier Jahre zuvor das „Erste Amalienstift" von Alexis de Chateauneuf. Der Sitz der Gesellschaft ist ein in den 1920er Jahren aufgestockte Gebäude, das sich im Sinne der Klassik „gotisch" verkleidet und eine Art neuhansischen „Artushof" darstellt. Dies sieht man besonders deutlich den hohen Fenstern des Nobelgeschosses an, die bis zum Zweiten Weltkrieg

Patriotische Gesellschaft (Trostbrücke 4)

links: Sierichstraße 4, J. Ch. G. Heins 1874
rechts: Ottensen, klassizistisches Häuser (1844–57) in der 1844 angelegten Klopstockstraße, der Verlängerung der Palmaille nach Westen

unten: Alsterarkaden

Maßwerk aufwiesen und danach einfache Pfosten erhielten.
Solche Backsteinbauten konnten freilich die Lawine makellos weiß gefasster Architekturen des Klassizismus und der italienischen Neorenaissance nicht aufhalten, die heute einen stadtbildprägenden Teil Hamburgs ausmachen und bei Hadi Teherani den sehr einseitigen Eindruck erweckten, Hamburg sei „eine weiße Stadt, mit weißen Segeln, Schwänen ...“. Weiß sind die heute nicht mehr wegzudenkenden und vom Alter ehrwürdig verformten Alsterarkaden von Alexis de Chateauneuf (1799–1853, jeweils in Hamburg). Sie fügen sich heute gut in die Umgebung ein; 1846 aber waren sie für die Stadt ein wahres Implantat.
Weiß sind auch die italianisierenden „Paläste“ des Alsterglacis, weiß die Villen an der Außenalster, wie die preußisch-maurenhafte Villa Badestraße 30 aus dem Jahre 1867, weiß auch die äl-

tere Palmaille (s. auch Abb. S. 29, 30) des dänischen Baumeisters Christian Frederik Hansen (1756–1845, jeweils in Kopenhagen) in Altona.

Bei aller gebotenen Zurückhaltung gegenüber den Ideen und Verwirklichungen des 19. Jh. ist es just diese Zeit, die dem heutigen Hamburg seine Gestalt gab. Der 1842 ausgebrannte Bereich bekam neue gerade Straßen, es wurde ein neues Forum für Börse und Rathaus geschaffen, die Binnenalster erfuhr ihre „Korrektur", es entstanden zahllose Neubauten. Den Versuch, das Stadtbild internationalen Städten Frankreichs, Italiens oder Spaniens anzugleichen, belegen die „Colonnaden". Mit einem Wort,

Alsterglacis

unten links: Colonnaden, 1876–78
unten Mitte: Villa Badestraße 30
unten rechts: Niemitz-Haus, Rosenstraße 3, 1846–48

Neue Börse, Sandsteinverkleidung von 1892–94, Hanssen/Meerwein

rechts: Münzstraße 11

Karolinenstraße 10–11

die moderne Stadt war fast plötzlich da.
Die Umwälzungen der industriellen Revolution und die rasant wachsende Bevölkerung verursachten die tiefgreifenden Veränderungen, die dem Zeitgeist entsprechend in einen boomenden Eklektizismus und Pluralismus mündeten. Dabei suchte Hamburg nicht nach einem persönlichen Stil. So unterscheidet sich die Stadt grundlegend von einer zwar kleineren, aber auch damals gewaltig expandierenden Metropole: Nürnberg. Dort nahm der Historismus die Formen einer stark lokal gefärbten Variante an, dies galt gleichermaßen für Sakral- und Profanbauten. In Hamburg genierte sich nie-

mand, eine großformatige neugotische Kirche in der reichen Formensprache der rheinischen Kathedralgotik zu errichten (St. Nikolai), ausgerechnet in einer Stadt, wo geschichtlich nichts als schlichte Backsteingotik existierte. In München geschah dasselbe mit dem Bau des pseudoflandrischen Neuen Rathauses. Während in Nürnberg zahllose historistische Häuser in und außerhalb der Altstadt eine Sandsteinfassade im Nürnberger Stil erhielten, wurde Hamburg von tausenden Stuckfassaden überschwemmt. Zwei von unzähligen Beispielen sind die Fassaden Karolinenstraße 10–11 aus den Jahren 1866 bzw. 1894. Auch hier sind die gelben Verblender alles andere als hamburgisch. Die hohen Zimmerdecken dieser Zeit, die dem gesamten Hausvolumen seine eigene Maßstäblichkeit verleihen, gehen auf die damals verbreitete Überzeugung zurück, eine bessere Luftqualität zu garantierten, während niedrigere Decken die Hausbewohner krank machten. Nach den großflächigen Zerstörungen im Zweiten Weltkrieg ist man heute froh darüber, dass so viele Häuser der Gründerzeit erhalten geblieben sind. Sie besitzen Atmosphäre und sind, wenn sie sich in gutem Erhaltungszustand befinden, begehrt, weil sie geräumiger als die Nachkriegswohnungen sind. Auch angenehme städtebauliche Situationen erhöhen gelegentlich die Wirkung solcher Etagen- bzw. Mietshäuser wie im Fall des Münzplatzes: Das 1882–83 errichtete Haus Münzstraße 11 steht auf trapezförmigem Grundriss, der für eine eindrückliche Perspektive sorgt. Die Formensprache des Hauses ist mit der z. B. in Madrid damals vorherrschenden identisch.

Einige der in wertvolleren Materialien verkleideten Gebäude der Zeit weisen qualitativ gute Bauplastik auf, wie das reizvolle Relief eines Knaben am Portal der Volksschule Holstenwall 14–15 zeigt, ein entzückendes Zeitdokument. Das handwerkliche Können jener Zeit war durch die mechanisierte

St. Nikolai, Turmdetail

links: ABC-Straße 4, Fassadendetail, um 1900

unten: Schule Holstenwall 14–15, Schüler als seitliches Portalrelief

oben und unten: Henckels-Solingen-Haus, Schauenburgerstraße 61 von Otto Westphal, 1907

unten: Körnerhaus, Poststraße 37–39, 1904/05 von Hermann Kaune, Aufstockung 1989–92

Produktionsweise noch nicht verloren gegangen.

Mit dem Bau der Speicherstadt (siehe Titelbild und Kapitel „Speicher") ab 1886 erreichte Hamburg europaweit einen hohen Status. Die Bauformen werden oft als „hamburgisch" oder – analog zur in Norddeutschland und im Ostseeraum sehr einflussreichen neugotischen Hannoverschen Schule, die von Conrad Wilhelm Hase (1818–1902) begründet worden war – als „hannoverisch" bezeichnet. Unverkennbar ist sie von der norddeutschen Backsteinarchitektur des Mittelalters und der Renaissance geprägt.

Es darf allerdings nicht vergessen werden, dass für den Bau der Speicherstadt, die mit ihrer monofunktionalen Bestimmung als Lagerstadt die jahrhundertealte, überwiegend zum Wohnen und Arbeiten dienende Funktion des Kehrwieder- und Wandrahmviertels ersetzte, der Abriss Hunderter alter Fachwerk- und Backsteinbauten nötig war. Sie stammten aus dem 17. und 18. Jh. Ihr Verlust ging

oben rechts: Isestraße, Giebel

links: Neuer Wall 37, 1903, Rekonstruktion 2001–03

unten: Poststraße 14–16 von Frejtag/Wurzbach, 1909

mit der Zwangsumsiedlung von 16 000 Bewohnern einher!

Nicht nur die Speicherstadt ist ein Glanzlicht der Gründerzeit, auch die Straßenbrücke über die Norderelbe, die zu einem Symbol der Stadt geworden war, gehörte zu den Spitzenleistungen dieser Zeit. Die Brücke wurde 1958 unverzeihlicherweise abgerissen.

Die Episode des Jugendstils hat auch in Hamburg Gutes hinterlassen, insbesondere repräsentative Geschäftshäuser, darunter das 1912 eröffnete „Warenhaus Hermann Tietz", später Alsterhaus genannt, eine der vornehmen Adressen.

Mit dem Heimatstil der 1910er Jahre versuchte man, an die Tradition vor dem Klassizismus und dem Historismus anzuknüpfen. Diese Geistesströmung erlaubte das Entstehen einer traditionsbewussten Moderne, die letztlich mit dem Bau des Kontorhausviertels und der Siedlungen während der 1920er Jahre ungemein glanzvolle Leistungen hervorbrachte. Fritz Schumacher kämpfte mit allen Mitteln gegen die „Zementstuck-Architektur" der Gründerzeit. Seine bekannte, 1913–14 erbaute Davidswache auf der Reeperbahn wirkt wie ein Protest gegen das unmittelbar benachbarte St. Pauli-Theater, dessen historistische Fassade Franz Jacobssen 1898 entwarf. Die Stadt sollte – so die Vorstellung des Heimatstils – ein Gesicht zurückgewinnen, das ihr der Historismus vermeintlich geraubt hatte. Schumacher gelang es, der Stadt seinen persönlichen Stempel aufzudrücken – ja sogar den Hafeneingang hat er mit seinem Lotsenhaus von 1913–14 geprägt (Abb. S. 38 oben).

Das moderne Hamburg besaß das Glück, eine Mischung aus Tradition und Internationalität zu sein. Genau wegen dieser vermeintlich nur halb-

Alsterhaus, Jungfernstieg 16–20, bis 1912 als „Warenhaus Hermann Tietz" errichtet

Kontorhausviertel

links: Siedlung Bahrenfelder Kirchenweg (Altonaer Bausparverein 1912)

St. Pauli-Theater und Davidswache

Ehem. Haus des Aby Warburg, Heilwigstraße 116, Dieter Langmaack 1925–26

oben rechts: Lotsenhaus am Hafeneingang (Bubendeyweg 33)

rechts: Siedlung der Allgemeinen Deutschen Schiffszimmerer-Genossenschaft (Barmbek-Süd, Pinelsweg 9) 1928, Plastik von Richard Kuöhl

Bunker

herzigen Modernität brachte man der Architektur Hamburgs vor allem nach 1945 kaum Wertschätzung entgegen. Man hatte der Stadt nicht verzeihen wollen, einen Sonderweg, der nicht derselbe des Bauhauses war, eingeschlagen zu haben. Die Architekten wurden als „fortschrittsfeindlich" diffamiert. Es ist bekannt, dass die Nationalsozialisten mit den Bauten Schumachers und Högers nichts anfangen konnten. Zum Glück ist es ihnen nicht mehr gelungen, die gigantomanischen Projekte, die sie für Hamburg planten, zu realisieren. Was sie tatsächlich in Gang setzten, war eine beispiellose Maschinerie der Zerstörung. Hamburg zahlte dafür mit dem härtesten Schicksalsschlag seiner Geschichte. Als stummer Zeuge überdauerte das leergeräumte Haus des Aby Warburg in Eppendorf die Barbarei. Es war einst Sitz der weltberühmten Kulturwissenschaftlichen Bibliothek, die 1933 nach London gerettet werden konnte. Auch die damals errichteten Bunkertürme im nachmittelalterlichen Stil erinnern bis heute an das tragischste Kapitel der Stadtgeschichte.

Nach der Apokalypse des Zweiten Weltkriegs fiel das Urteil über das alte Deutschland pauschal negativ aus. Leider waren die Architekturkritiker, die vor allem um die eigene politische Korrektheit bemüht waren, nicht mehr in der Lage, etwas Gutes am alten Deutschland zu finden. Bis heute sind nicht wenigen Architekten und sogar Denkmalpflegern die Bauten der Hamburger 1920er Jahre offenbar zu „deutsch". Wenn Helga Schmal 2002 in einer Publikation der Denkmalpflege die nach 1945 entstandenen Grindelhäuser als „bewusste Abkehr vom düsteren Klinker-Hamburg der Zeit Fritz Schumachers, die mit ihrer Helligkeit, Leichtigkeit und Transparenz für das neue Lebensgefühl im

Nachkriegsdeutschland und für das damalige Verständnis moderner Architektur stehen", zelebriert, so verkennt sie offensichtlich, dass es weltweit viele „Grindelhäuser" gibt, nirgendwo aber außer in Hamburg so phantastische Kontorhäuser, Schulbauten und Klinkersiedlungen der 1920er Jahre. All diese Gebäude wussten sich erfolgreich gegen die Uniformität und Indolenz der modernen Welt zu erwehren – ohne den Verzicht, zeitgemäß zu sein. Vor allem sind es Stimmen aus dem Ausland, die an die Leistungen der Zwischenkriegszeit erinnern: 1987 meldete sich aus Vancouver ein emeritierter Architekturprofessor, Sohn von niemand Geringerem als Oscar Gerson, an den Hamburger Bürgermeister Dohnany: „Das Kontor-Zentrum des Ballin-Hauses, Chilehauses und des Sprinkenhofs ist eine städtische Einheit, typisch für eine Zeit, auf die Hamburg besonders stolz sein sollte." Doch in Hamburg war von diesem Stolz nichts zu spüren: „Bis in die 1980er Jahre konnten die Zeugnisse der Hamburger Schule beliebig verändert oder willkürlich abgerissen werden, ohne dass sich dagegen Widerstand regte. Mit der großen Ausnahme des Chilehauses nahm sich der Denkmalschutz ihrer erst in allerjüngster Zeit an", musste im Jahr 2000 Harmut Frank feststellen.

Dabei sind die wirklichen Stärken des heutigen Hamburgs die Speicherstadt, die Bauten Fritz Schumachers, insbesondere seine Schulbauten und das Kontorhausviertel, während Hamburgs Bestände der älteren Vergangenheit mit weitem Abstand von jeder mittelgroßen bis kleinen Stadt seiner Umgebung überflügelt werden, allen voran von Lübeck, Lüneburg und Stade. Für die einstige Größe der Hanse stehen heute eher die Weltkulturerben Wismar und Stralsund oder das durchaus mit dem alten Hamburg vergleichbare Riga. Auch großflächige Ensembles des Historismus wie Wiesbaden oder Leipzig übertreffen bei weitem die Hamburger Bestände dieser Zeit – die wirkliche Ausnahme bleibt die Speicherstadt.

Hafencity mit den Gebäuden am Sandtorkai, Architekten BDA Beisert Wilkens Grossmann-Hensel

Dank der architektonischen Entwicklung der letzten 15 Jahre hat Hamburg wieder einen Namen innerhalb der zeitgenössischen Architekturszene. Es wird euphorisch gebaut, die Hafencity ist dabei das wichtigste Projekt, das derzeit verwirklicht wird. Bei allen Qualitäten der neuen Bebauung ist es die Lage an der alten Speicherstadt und die Hafensituation, die die neue City so privilegieren. Es zeigt sich: Ohne die Stütze einer historischen Umgebung

Glasbogendach des Büro- und Geschäftshauses ABC-Bogen (ABC-Straße 19), BRT Architekten Bothe Richter Teherani, 2000

links unten: City-Hof, Klosterwall 2–8, Rudolph Klophaus 1958, 1977 in Eternit „verpackt"

links oben: Ruine der Nikolaikirche mit benachbartem Hochhaus

rechts unten: Maria-Louisen-Straße 43a, Wohnungen von Alex Rybi

würde das neue Areal spürbar an Signifikanz verlieren. Der Umbau des Kaispeichers A, der zur „Elbphilharmonie" aufgebaut werden soll, ist ein noch offenes Fragezeichen. Zu befürchten ist eine Sprengung der bislang respektierten Maßstäblichkeit, das auf dem Speicher zu errichtende Glashaus könnte einfach zu groß werden. Und langsam ist es an der Zeit, daran zu erinnern: „Hamburg ist nicht nur Glas!"
In jüngster Zeit ist ein letzter Glaswürfel als Teil des neuen Jungfernstiegs entstanden. Der in der Achse des Neuen Walls stehende „Pavillon" schimmert in grün und weiß und fügt sich harmonisch in die Ufersituation der Binnenalster. Im Unterschied zum alten Jungfernstieg ist der neue in Stufen gestaltet.
Im Übrigen stimmt es natürlich nicht, wenn über die Hafencity geschrieben wird: „Nirgendwo auf der Welt entsteht ein so großes Quartier im Zentrum einer Metropole, nirgendwo kann die Innenstadt um ein Drittel wachsen und nirgendwo gibt es die Möglichkeit, am Wasser und dennoch gleich neben dem Rathaus zu bauen, wie in Hamburg." Die seit über einem Jahrzehnt enstehende Hafencity von Buenos Aires, „Puerto Madero", weist alle diese Eigenschaften ebenfalls auf und ist auch von höchster architektonischer Qualität. Lediglich die kilometerlangen Speicher, die die Engländer hier um 1900 in Backstein bauten, fallen bescheidener als die Hamburger aus.
Der zeitliche Abstand zu den Bauten der 1950er und -60er Jahre – aber nicht nur er – macht diese heute schon wieder interessant. Aus jenen Jahren sind nicht nur Großbauten wie das Verwaltungsgebäude der Victoria-Versicherung von 1956 (Jungfernstieg 1) sehenswert, sondern auch Kleines und durchaus Geistesverwandtes wie die ein Jahr älteren Wohnungen der Ma-

Pavillon von André Poitiers (2007) auf dem neuen Jungfernstieg

ria-Louisen-Straße 43a. Wer könnte das Wohlgefühl leugnen, in einem so optimistisch-offenen Gebäude zu wohnen? Ein kompletter Neuanfang war geboren! Im Übrigen war der Wiederaufbau nach dem Krieg mit vielen Fehlentscheidungen verbunden. Der Tiefpunkt wurde um 1970 erreicht.

Natürlich setzt sich eine so große Stadt wie Hamburg aus unterschiedlichsten Stadtteilen zusammen. Die Haltestellen der öffentlichen Verkehrsmittel können einem höchst unterschiedliche Perspektiven eröffnen. So fühlt man sich in Othmaschen oder in der Kellinghusenstraße fast wie im Paradies, in Tiefsack wird man nur mit Industrie konfrontiert, auf der Reeperbahn taucht man in ein architektonisches Chaos ein.

Ein ganz eigenes und trotz überflüssiger Verluste bis heute reizvoll gebliebenes Stadtbild bietet Blankenese mit der hügeligen Topographie seines Treppenviertels. Hier stößt man gelegentlich noch auf reetgedeckte Häuser, die im übrigen Stadtgebiet eher im ländlichen Curslack zu finden sind.

Mag Hamburg auch an vielen Ecken malträtiert und auseinandergefallen wirken, bleibt es doch als reiche Stadt mit seinen hochrangigen Sehenswürdigkeiten eine der großen Attraktionen in Nordeuropa und erinnert mit seinem herben nordischen Kolorit daran, dass „gleich hinter Hamburg" Skandinavien beginnt.

oben: Reeperbahn
Mitte: Curslack
unten: Blankenese

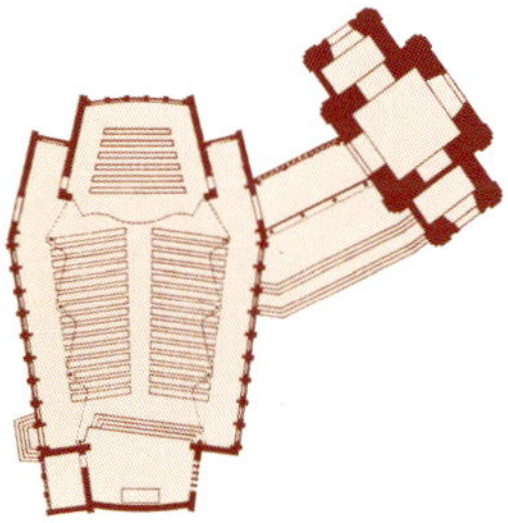

Dreieinigkeitskirche in St. Georg, Grundriss mit barockem Turm und modernem Kirchenschiff

Christianskirche in Ottensen

Christianskirche (Ottensen)

Von einer Einfriedung von 1897–98 geschützt, steht an der Klopstockstraße diese 1735–38 von Otto Johann Müller errichtete Barockkirche, die wie die mittelalterlichen Sakralbauten geostet gebaut wurde. Es handelt sich um einen schlichten Saalbau, dessen Kriegsschäden 1946–52 behoben werden konnten. Der ursprünglich von einer flachen Pyramide gekrönte Westturm erhielt 1897–98 sein heute noch vorhandenes Walmdach mit Laterne. Aus dieser Zeit stammt auch das Hauptportal. Der Backsteinbau steht unter einem kräftigen Mansarddach und entspricht dem Typus ländlicher, fünfseitig geschlossener Kirchen. Durch Pilaster wird das Äußere gegliedert, zwischen diesen öffnen sich die rundbogig abgeschlossenen Sprossenfenster.

Der umgebende Friedhof wurde 1759 neu angelegt. Die erste eigene Kirche von Ottensen datierte Mitte des 16. Jh.

Dreieinigkeitskirche (St. Georg)

Von der alten Barockkirche, die 1743–47 von Johann Leonhard Prey errichtet wurde, steht nach dem Krieg kaum mehr als der 1956–57 wiederhergestellte Turm mit seinem für die Stadtsilhouette markanten kupfergedeckten Helm. Er beginnt mit einer kurzen Schweifung als Übergang ins achteckige Uhrengeschoss und setzt sich durch eine darüber sitzende Hau-

be fort, die von einer gestelzten Laterne bekrönt wird. Das Ganze endet in einer Zwiebelhaube mit Spitzpyramide. Der mehrgeschossige Helm übertrifft deutlich die Höhe des backsteinernen Turmschafts, dessen Gliederung größtenteils in Haustein ausgeführt wurde. Vor dem Turm steht die Nachbildung eines bronzenen Kalvarienbergs aus der Zeit um 1500 (Original in der Kirche), bis 1831 letzte Station des Kreuzwegs, der vom Dom bis St. Georg führte.
Die Kirche selbst ist heute ein 1956–57 in Stahl und Beton neugebautes Werk von Heinz Graaf, das auf trapezförmigem Grundriss entwickelt wurde. Sie bildet keinen befriedigenden Ersatz für das verlorene alte Schiff, das von Fritz Schumacher als „entzückender Raum, als das Vollendetste, was die Stadt aus früheren Zeiten besaß ... als einer der Räume, die man nicht photographieren und nicht zeichnen konnte" beschrieben wurde.

Dreieinigkeitskirche in St. Georg

Gnadenkirche (St. Pauli)

Die Kirche wurde 1906–07 von Fernando Lorenzen als Zentralbau im neuromanischen Stil, wie zu diesem Zeitpunkt üblich (vgl. z. B. die Hamburger Domkirche St. Marien von Arno Güldenpfennig aus den Jahren 1890–93), errichtet.
Der Sakralbau basiert auf dem sogenannten „Wiesbadener Programm" von 1891 für evangelisch-lutherische Kirchen, das den Zentralraum favorisierte. Ein schwerer oktogonaler „Vierungsturm" unter Spitzhelm sitzt zwar mittig über der Anlage, hat jedoch keinerlei Verbindung mit dem Inneren, das offenbar völlig losgelöst von der Außenarchitektur entworfen wurde. Letztere ist werksteinverkleidet und erinnert an rheinische Kirchen, wie viele Bauten der Jahrtausendwende: Man denke an die Großprojekte Kaiser Wilhelms II., wie die Kaiser-Wilhelm-Gedächtniskirche in Berlin oder das Posener Schloss.
Das verputzte Innere bildet einen theatermäßigen Einheitsraum, gerichtet auf das protestantische Hauptmotiv von Kanzelaltar und Orgel. Der ei-

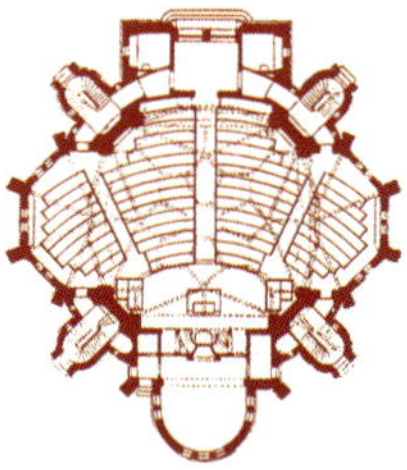

Gnadenkirche in St. Pauli, Ansicht und Grundriss

St. Jacobi, Turmhelm

rechts: St. Jacobi, Stich 1675, H. von Hensbergen

unten: St. Jacobi, Ansicht von 1830

genwillige Raum wirkt heute befremdet durch die Nutzung als russisch-orthodoxe Kirche.
Zusammen mit seinem Partner Edmund Stehn entwarf Lorenzen zahlreiche Villen in Flottbek und Ottmarschen.

Hauptkirche St. Jacobi

Das Äußere dieser mittelalterlichen Kirche wirkt aufgrund des 128 m hohen Turmaufsatzes von Bernhard Hopp (1959–64) und des wiederhergestellten Monumentaldachs von 1951–53 geradezu zeitgenössisch. Vor allem an der Südflanke wurden neugotisch zwischen 1859 und 1869 Teile des Mauerwerks erneuert und mit Zutaten – wie die Eingangshalle und die Strebepfeiler von Isaiah Wood – verändernd erneuert, so dass der Bau auf den ersten Blick sein eigentliches Alter kaum preisgibt.
Eine erste Erwähnung datiert von 1255, der heutige Bau wurde gegen 1340 begonnen, etwa vierzig Jahre später nahm man den Westturmriegel bereits in Angriff. Das zweite südliche Seitenschiff wurde 1493–1503 errichtet. Die Ostansicht macht die durch den Anbau dieses zusätzlichen Schiffs verursachte Asymmetrie des Dachs deutlich. Der Turm blieb lange Zeit mit einem einfachen Doppeldach in der Art der Danziger Marienkirche oder der Jakobskirche in Thorn gedeckt (s. Abb. S. 29). Erst 1581 plante man einen richtigen Turmhelm. Obwohl in den Chroniken erwähnt wird, dass ein Kirchturm in Amsterdam als Vorbild des neuen Aufsatzes dienen sollte, realisierte man eine eigenständige Gestaltung: Ein auf dem quadratischen Turmstumpf sitzendes oktogonales Prisma wurde mit Giebeln versehen, aus denen sich eine Kuppel mit leicht konkaven Seiten ergab; das Ganze ist mit einer Laterne unter Spitzhelm bekrönt. Offensichtlich hatte hier das Dach der Hamburger Gertrudenkapelle Pate gestanden (s. S. 27), das zu den modernsten der deutschen Spätgotik gehörte (beim Brand von 1842 vernichtet). Übrigens stand Sankt Gertrud auf dem Kirchenspiel von St. Jacobi – „Hier liegt

der ungewöhnliche Fall vor, dass sich die höherrangige Pfarrkirche an der ihr unterstellten Filialkirche, einer Friedhofkapelle, orientierte" (Stefan Kleineschulte). Trotz einer Kontaktaufnahme zwischen den Kirchherren von St. Jacobi und einem Baumeister in Groningen, stand der endlich verwirklichte Helm stilistisch keineswegs mit Amsterdam oder gar Holland in Verbindung. Niederländische Helme sind wesentlich komplexer und besitzen nicht die prägnante kompositorische Klarheit der niederdeutschen. Der alte Helm von St. Jacobi, der seit 1769 erstmalig in Kontinentaleuropa einen Blitzableiter erhielt, wurde 1826 durch einen neugotischen ersetzt, der seinerseits 1944 ausbrannte. Die Entscheidung zugunsten des jetzigen modernen Helms, der wie „ein Etui für den Straßburger Münsterturm" aussieht (Robert Bork), verpasste die Ge-

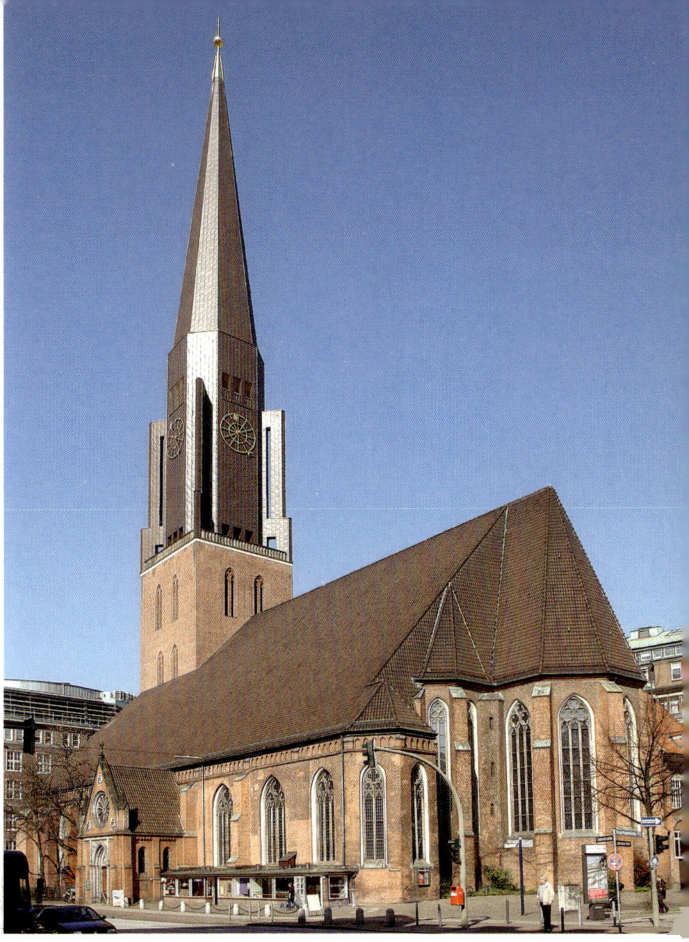

St. Jacobi, Ansicht von Südosten, Hauptschiff nach Westen und Osten

St. Jacobi, Sakristei, Detail des Pfeilers

St. Jacobi, Sakristei

St. Jacobi, Gewölbe des äußeren Seitenschiffs und Grundriss

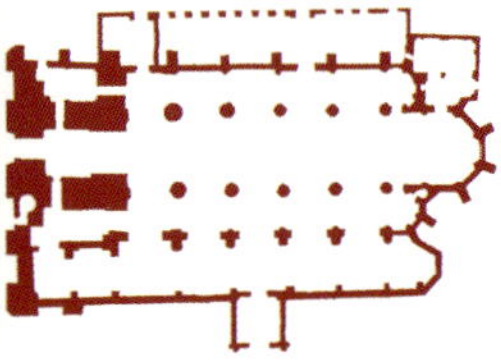

legenheit, die besonders wertvolle Gestaltung von 1588 wiederherzustellen. Die Kupferplatten des Helms mussten 2001 ersetzt werden, nachdem die ganze Konstruktion saniert wurde, was bereits 36 Jahre nach ihrer Vollendung nötig war.

Sankt Jacobi ist eine niederdeutsche Hallenkirche mit fünf Jochen und drei Polygonalapsiden, die von hochbusigen Kreuzrippengewölben derart abgeschlossen wird, dass der Scheitelpunkt des jeweiligen Gewölbejochs höher als die Spitzen der Arkaden liegt und somit kuppelartig wirkt. Die Rundpfeiler sind kantoniert und ihre Dienste – wie die Rippen – in roter Farbe von dem weißen Grund abgesetzt. Im schönen Raum des äußeren Seitenschiffs – durch Verglasung vom Rest des Inneren getrennt – fallen die roten Rippen im gedrehten Tauprofil auf. Die Rippen ergeben achtteilige Gewölbekappen. Die mittlere Querrippe läuft in den Schildbogen aus.

Die wichtigsten Ausstattungsstücke sind der spätgotische Fischer- und Lukasaltar und die in ihrer Originalsubstanz noch zu über 90% erhaltene Arp-Schnitger-Orgel, die sich in einem allerdings rekonstruierten Prospekt befindet.

Ein zweigeschossiges „Kleinhaus" von 1434–38 fällt in der nordöstlichen Ecke von St. Jacobi auf: Es handelt sich um die Sakristei im Erdgeschoss mit der ehemaligen Liberei oder Bibliothek der Kirche im Erdgeschoss. Die Sakristei ist ein schlichter Einstützraum. Der steinerne Pfeiler teilt das Kreuzrippengewölbe in vier Joche und trägt als Kopie eine Bauinschrift über die Grundsteinlegung von 1434. Der Saal über der Sakristei wurde 1710–11 neu ausgestattet und stellt ein wahres

St. Jacobi, Herrensaal

Juwel profaner Barockausstattung dar. Während die geometrisch unterteilte Stuckdecke einzelne Gemälde mit allegorischem Inhalt aufweist, sind die Wände mit großflächigen Leinwandölbildern von Johann Moritz Riesenberger bespannt, die Landschaftsmalereien darstellen. Auch Tafeln mit Wappen und Namen der Kirchspielherren, Geschworenen und Pastoren schmücken die Wände und geben dem Raum seine Bezeichnung als „Herrensaal".

Die Nordflanke der Kirche wird von der ehemaligen barocken Kirchenschule im unteren Bereich verdeckt. An der Westfassade musste Johann Nicolaus Kuhn um 1737–43 seine Stützpfeiler zur Sicherung der Turmstatik errichten.

Sankt Jacobi wirkt seit dem Bau der Mönckebergstrasse 1908–11, insbesondere wegen den Rappolthäusern, wie in einem Hinterhof gelegen. Das Langhaus kann jedoch gänzlich von der stark befahrenen Steinstraße aus wahrgenommen werden.

Hauptkirche St. Katharinen

Zusammen mit Sankt Jacobi ist diese die einzige Kirche der Innenstadt, die ihre mittelalterliche Bausubstanz bewahrt hat. Von den alten Kirchen Hamburgs ist sie auch die einzige, bei der ein basilikaler Aufriss angestrebt wurde, was durch spätere Veränderungen verunklärt wurde. Der Mitte des 13. Jhs. gegründete Bau steht auf schlechtem Baugrund. Die Schwierigkeiten mit der Fundierung äußern sich bis heute in den aus dem Lot geratenen Baupartien, der barocken Verstärkung der Strebepfeiler und den vielen im Laufe der Zeit notwendig gewordenen Ausbesserungen. Als ältester Bauteil ist der Turmschaft zu nennen, der noch aus dem 13. Jh. stammt.

St. Katharinen von Osten

Das dreischiffige Langhaus war aber um 1570 immer noch höher als der Turm, wie ein Stich aus dieser Zeit zeigt: Dort ist er wegen der gewählten Perspektive einfach nicht zu sehen. Die ursprünglichen Einzeldächer der Schiffe wurden im Barock durch ein Schleppdach ersetzt, was zu Veränderungen im Ostgiebel führte. Völlig untypisch ist der östliche Abschluss der Kirche in sieben unregelmäßigen Polygonseiten. Die Ostwand zeigt ein sehr hohes fünfbahniges Fenster, das fast die ganze Breite des höheren

oben: St. Katharinen, südlicher „Chorumgang"

unten: St. Katharinen, Chor

Mittelschiffs einnimmt. Die merkwürdige Grundrissform ergibt im inneren Aufriss reizvolle Raumperspektiven. Im Osten dürfte das Hauptschiff einen offenen Obergaden aufgewiesen haben, der wenig später verblendet wurde. Ferner waren alle Obergadennischen wohl von vornherein verblendet, womit die Kirche zum Typus der Pseudobasilika gehört. Diese Mittelschiffsblenden tragen seit 1987 Bilder von Ingeborg zu Schleswig-Holstein, die den gotischen Raumeindruck stark beeinträchtigen. Auch das Äußere ist an der Südseite von einem Anbau der 1950er Jahre mit Flachdach entwertet. Als alter Anbau existiert nur noch die spätbarocke Sakristei mit Kirchensaal (1792), erkennbar durch seine Pilastergliederung in sogenannter Kolossalordnung.

Für die Stadtsilhouette prägend ist der 1596 um zwei Geschosse erhöhte Westturm, der etwas aus der Längsachse der Kirche nach Süden rückt. 1649 hat man das oberste Oktogonalgeschoss für das Uhrwerk neu gebaut, darauf errichtete 1659 Peter Marquard seinen genial geschweift gestalteten Laternenhelm (1956 originalgetreu rekonstruiert). Nur drei Jahre zuvor hatte dieser Baumeister den nicht ganz unähnlichen Helm der Hamburger Nikolaikirche wieder aufgebaut, der seinerseits mit der gesamten Kirche im Brand von 1842 versank. Entgegen der Annahme von Hermann Heckmann, der vorwiegend niederländische Vorbilder für den Katharinenhelm sucht, ist die geschweifte Dachform in Hamburg bereits um 1400 vom Sakramentshaus in St. Petri und wohl um 1500 von der Gertrudenkapelle bekannt und bei St. Jacobi in den 1580er Jahren nochmalig mit richtiger Laterne wiederaufgenommen worden. Der 1652 für St. Nikolai zu Greifswald gezimmerte Helm scheint weniger für Marquard das Vorbild gewesen zu sein als der 1652–55 in der Kreuzkirche zu Hannover errichtete Helm, dessen Silhouette wie das des Hamburger Werks wesentlich zurückhaltender kurviert ist als in Greifswald. Zudem gibt es noch ältere Vorbilder, wie der 1511 entstandene Nordhelm von St. Katharinen in Braunschweig und der 1569 gezim-

merte Nordhelm von Sankt Nikolai im westfälischen Lemgo. Der Maquardsche Helm mit seinen zwei offenen Laternengeschossen ist eine architektonische Spitzenleistung. Die Helmpyramide wird von einer vergoldeten Katharinen(?)-Krone umarmt, die einer nicht glaubhaften Legende nach mit dem Gold des spätmittelalterlichen Piraten Klaus Störtebeker hergestellt wurde.
Was den gemauerten Turmschaft der Kirche betrifft, erhielt er an der Westseite im 16. Jh. eine Renaissancefassade (die überwiegend in Arkaden vorgeblendet war), die 1732–37 durch eine neue im reifen Barockstil nach Entwurf von Johannes Nicolaus Kuhn ersetzt wurde. Diese Maßnahme erfolgte im Rahmen von Sicherungsarbeiten der damals schon einsturzgefährdeten Bausubstanz.
Der völlig weiß gefasste Kircheninnenraum überrascht mit seinen fast 30 m hohen hochbusigen Gewölben. Dicke

oben: St. Katharinen Turmhelm

links: St. Katharinen, südl. Seitenschiff nach Westen

St. Michaelis, hl. Michael über dem Turmportal

rechts: St. Michaelis, Südseite

kantonierte Rundpfeiler tragen die stark verformte Architektur dieser wohl ehrwürdigsten unter den Hamburger Hauptkirchen. Von der einst reichen Ausstattung ist nach dem Krieg leider recht wenig übrig geblieben.

Hauptkirche St. Michaelis

Der heutige Bau wurde 1751–62 als zentralisierender Vierstützraum auf virtuell oval umrandetem, (fast) griechischem Kreuz von Johann Leonhard Prey errichtet. Den 1777–78 erfolgten Aufbau des Westturmes verantwortete Ernst Georg Sonnin. Ausgerechnet bei Reparaturarbeiten brannte die Kirche 1906 vollständig ab. Die Rekonstruktion von 1907–12 führte Julius Faulwasser aus. Dabei wurden Turm und Dach feuerfest in Stahlkonstruktion ausgeführt. Während der Turm originalgetreu wiederaufgebaut wurde – er ist der „Michel", Wahrzeichen von Hamburg –, flossen ins Innere Elemente des Spätjugendstils ein. Auch die Baumaterialien waren zum Teil kostbarer als die der Barockzeit, so dass sich der Charakter änderte. Trotzdem gelang es, den nach der Dresdener Frauenkirche zweitwichtigsten protestantischen Barockbau Deutschlands wieder ins Leben zu rufen. Äußerlich ist nur das Turmportal gegenüber dem Originalzustand stark verändert. In niederdeutscher Tradition war das ursprüngliche Portal klein und eher unauffällig, was dem Pathos der Zeit um 1900 nicht entsprach. Die dazugehörende Plastikgruppe des hl. Michael fiel daher überdimensioniert aus. Ansonsten glänzt der Außenbau mit seiner kräftig modellierten Baumasse, der ein spannungsvolles Verhältnis zwischen den zahlreichen Verkröpfungen der vielfach übereck gestellten Glieder und den kurzen, ruhigen Flachflächen eigen ist. Dem massigen Baukörper wurde somit eine vertikalisierende Gliederung entgegengesetzt, die die Spannung noch erhöht. Ein Meisterwerk für sich ist die Art und Weise, wie der massive untere Teil des Turms durch konkave Seiten an das Langhaus angeschlossen wird. Ausgewogen und belebend wirkt das Verhältnis zwischen den Par-

St. Michaelis, Inneres nach Osten

unten: Brand der Michaeliskirche 1906 mit Einsturz des Turms, historische Postkarte

St. Michaelis, Kanzel und Grundriss

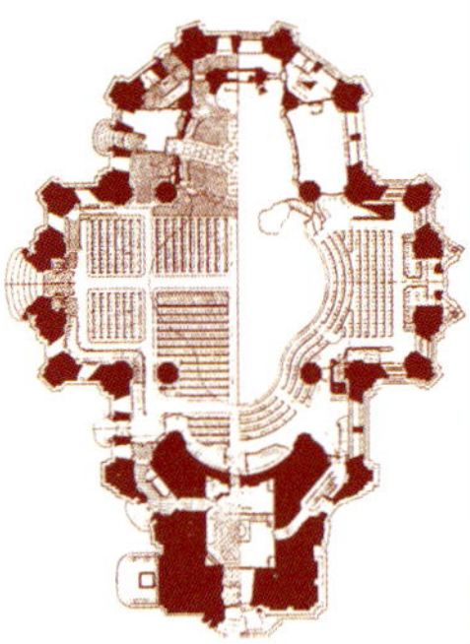

St. Nikolais während der Bauarbeiten um 1868

tien aus Sand- bzw. denjenigen aus Backstein. Beim kupfernen Turmschaft des Michels, der in langer Arbeit während der 1990er Jahre vollständig erneuert wurde, wird man wohl mindestens noch 10 Jahre Oxidationszeit warten müssen, bis er wieder grün wird (die kuppelige Haube ist schon auf dem besten Weg dahin). Sonnins 132 m hoher Turm steht am Übergang vom Barock zum Klassizismus. Anschaulich wird dies vor allem anhand der Bekrönung auf acht großen korinthischen Säulen, die ein völlig offenes Gehäuse bilden. Die durch eine Treppe oder einen Aufzug zugängliche Plattform dieses Gehäuses bietet einen einzigartigen Rundblick: Man glaubt, frei über Hamburg zu schweben. Die Rundkuppel ist gestelzt und endet in einem doch noch barock anmutenden Spitzhelm mit unterer Schweifung.

Im Kircheninneren spielt die genial kurvierte, bis zum Chor ununterbrochen geführte Empore die entscheidende Rolle. Sie umarmt den Besucher in einer beispiellosen Geste der Plastizität, alle Raumteile vereinend. Es ist sicher kein Zufall, dass das dem lutherischen Kirchenbau so eigen gewordene Emporenmotiv hier so dominant ist. Aber nichts erklärt das Talent Preys, der das Motiv derart radikal aufs Neue definierte. Schwungvolle Linien definieren auch die neubarocke Kanzel.

Im Inneren sind auch die Veränderungen zu berücksichtigen, die nach den kriegsbedingten Zerstörungen des Gewölbes eintraten. Die Ausstattung, die man nach dem Brand von 1906 bis 1912 mit Abänderungen rekonstruierte, stammte von Cord Michael Möller. Für die Wiederherstellung nach dem 2. Weltkrieg waren Gerhard Langmaack als Architekt und Günther Grundmann als Denkmalpfleger verantwortlich.

Hauptkirche St. Nikolai (Ruine)

Die gotische Backsteinkirche St. Nikolai wurde 1842 ein Opfer der Flammen. Als Nachfolgebau plante Gottfried Semper einen Zentralbau in historistischer Formensprache, der zwar preisgekrönt, aber letztlich abgelehnt wurde. Schließlich setzte sich der Engländer Gilbert Scott mit einem Entwurf im Stil der Kathedralgotik durch, der mit einigen Veränderungen 1846–82 verwirklicht wurde. Die Formensprache zeigt sich von der Wiederaufnahme der Bautätigkeiten am Kölner Dom stark beeinflusst und weicht von der Hamburger Tradition, die im Wesentlichen durch die Backsteingotik geprägt ist, ab. Nach den starken Zerstörungen im 2. Weltkrieg stellte man die Kirche leider nicht wieder her, obgleich dies möglich gewesen wäre. Stattdessen riss man die Kirche bis auf den Turm und kleine Teile des Chores ab. Der heutige Zustand gibt deshalb ein verfälschtes Bild der Kriegszerstörung wieder, da man den heutigen ruinösen Zustand gewöhnlich als ausschließlich kriegsbedingt interpretiert. Immerhin ist der atemberaubende Turm noch zu bewun-

oben und rechts: St. Nikolai, Turm

unten links: St.-Nikolai-Kirche, Endgültiger Entwurf von Sir George Gilbert Scotts für den Neubau der Nikolaikirche, Stahlstich von 1846

St. Petri, Ansicht von Süden und Innenansicht nach Osten

St. Petri um 1860, Lithgraphie

dern, der mit seinen 145 m Höhe ein Hauptwerk der Neogotik darstellt. Als Baumaterial nutzte man im Kern gewöhnliche Backsteine, die allerdings durch die Verkleidung mit gelben Backsteinen für die Flächen und mit Werkstein für alle Details (wie Bögen, Maßwerk, Wimperge, Fialen, Baldachine und Wasserspeier) nicht sichtbar sind. Der Helm wurde als hohler Maßwerkhelm nach dem Muster des Freiburger Münsters und des Kölner Doms errichtet, allerdings ist das übereck stehende Oktogonalgeschoss eine von der Kathedrale in Antwerpen übernommene Komposition. Wie in den kühnsten mittelalterlichen Kirchen Deutschlands klammert sich ein offenes Spindeltreppengehäuse an den Turmschaft.

Ein Aufzug führt auf die Schwindel erregende Höhe des Turms, von dessen Plattform sich großzügige Blicke auf die darunterliegende Stadt bieten. Der Blick aus den Fleeten auf den Turm und die hohen Fachwerkhäuser bot bis 1943 ein pseudomittelalterliches Bild von Alt-Hamburg.

Hauptkirche St. Petri

St. Petri ist ein Beleg für die Anstrengungen des 19. Jhs., sich dem 1843 ausgebrannten Vorgänger anzulehnen und ihn neu zu interpretieren. Das Ergebnis ist für die Mitte des 19. Jahrhunderts erwartungsgemäß eine im Vergleich zur spätmittelalterlichen Architektur „versteifte", da frühe Neugotik. Die Architektur wurde als „Denkmal" freistehend ohne die verwinkelt angebauten Häuser und ohne alle Unregelmäßigkeiten des gewachsenen Altbaus errichtet.

Die neue Hallenkirche entstand 1844–49 auf alten Fundamenten nach Entwurf des führenden Architekten Alexis de Chateauneuf unter Beteiligung von Hermann Peter Fersenfeld. Aus dem Mittelalter erhalten geblieben sind der untere Bereich des Mauerwerks an der Nordseite und im Kern die zwei un-

teren Turmgeschosse. Gotisch und qualitätsvoll sind auch die Ausstattungsstücke der Kirche: die hölzernen und steinernen Plastiken des späten 15. Jhs. sowie das gemalte Altarretabel der Barbarakapelle. Der hochbedeutende Hauptaltar befindet sich seit 1903 in der Hamburger Kunsthalle. Alt St. Petri erhielt 1603–04 durch Georg Baumann ein steinernes Südportal der Spätrenaissance, das heute im Innenhof des Museums für Hamburgische Geschichte zu sehen ist.

Von der neugotischen Kirche sind der ausgesprochen elegante, 132 m hohe Turm mit einem Helm von Johann Maack aus dem Jahre 1878 und die Raumlösung des Inneren, die der Ost-West-Längsrichtung einen breiten Raum entgegensetzt, hervorzuheben. Dieser organisiert sich um einen schlanken Vierpasspfeiler, der ein bemerkenswertes vierjochiges Faltgewölbe trägt.

In Anbetracht des durch den Brand von 1843 verursachten Verlustes an Altbauten ist es sehr zu würdigen, dass Neu St. Petri sich an Alt St. Petri orientiert. So konnte ein Stück altstädtischer Identität gerettet werden. Zunächst hatten sogar de Chateauneuf und Fersenfeld versucht, die Brandruine wiederherzustellen. Dies scheiterte daran, dass die Bausubstanz zu einsturzgefährdet war.

Hauptkirche St. Trinitatis (Altona)

Von der schwer kriegszerstörten Kirche, die 1954–69 von Horst Sandtmann und Friedhelm Grundmann wieder aufgebaut wurde, entspricht nur das Äußere dem Originalbestand von 1742–43 samt älterem Turm von 1688–94. Dabei haben die Architekten versucht, die 1897 veränderte Westfassade in einen neutraleren Zustand zurückzuversetzen. Der Kirchenbau von 1742 ist Cay Dose zu verdanken. Er formte unter Wiederverwendung der Fundamente des Vorgängerbaus einen neuen kreuzförmigen Grundriss, der das Aufnahmevermö-

oben links:
St. Petri, Faltgewölbe
oben rechts:
St. Trinitatis in Altona

St. Petri, Grundriss

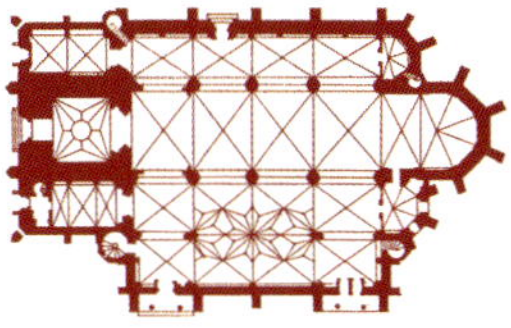

St. Johannis in Curslack, Turm

gen des Gotteshauses erhöhen sollte. Der einheitliche Außenbau wird durch seine flachen Wandpfeiler charakterisiert, die hochrechteckige Felder mit jeweils einem hohen Rundbogenfenster trennen. Sandstein wurde bis auf die Portale des backsteinernen Baus recht zurückhaltend verwandt. Am Mansarddach ist die Kreuzung von Querhausarmen und Langhaus durch einen niedrigen Dachreiter markiert.
Das markanteste Motiv der Kirche ist der hohe mehrgeschossige und kupferverkleidete Helm, ursprünglich 1694 durch den Zimmermeister Jacob Bläser fertiggestellt. Er variierte die Grundform älterer Hamburger und norddeutscher Helme, indem er deren Volumen derart reduzierte, dass das Werk jetzt durch eine neuartige Schlankheit auffällt. Die wenig jüngeren Kirchturmhelme in Tönning und Quakenbrück (1703–06) gewinnen vorteilhaft wieder an Robustheit.

St. Johannis (Curslack)

Der 1306 erstmals erwähnte Bau ist eine 1599–1603 gezimmerte Fachwerksaalkirche, die erst 1801–02 durch die spätbarocken Querarme mit kräftig gebrochenen Dächern seinen kreuzförmigen Grundriss erhielt. Im Zuge dieser Veränderung wurde der Chor neu ausgefacht. Das reizvolle Äußere besticht durch den Kontrast von weißlich gefasstem Balkenwerk mit backsteinernen Gefachen. Die Ziegelfassade hat noch ihren gotischen Charakter bewahrt – das Westportal zeigt ein hochgotisches Viertelstabprofil. Isoliert vor der Fassade steht der hölzerne Glockenturm aus dem Jahr 1761, einer uralten norddeutsch-skandinavischen Tradition folgend. Besonders schön ist der zweimal unterbrochene geschweifte Helm mit seiner achtseitigen Struktur. Er sitzt auf einem geböschten und verbretterten Rumpf mit quadratischem Querschnitt und ist mit Holzschindeln gedeckt.
Im von gekreuzten Holztonnen überwölbten Inneren fällt insbesondere ein kurioses Detail auf: die fantasievoll geschmiedeten Hutständer der Männerbänke. Er lässt sich auch bei anderen Kirchen der Vierlande beobachten, wie in Sankt Nikolai in Altengamme.

St. Johannis in Curslack

St. Johannis (Eppendorf)

Die kleine Kirche mit dem charaktervollen Äußeren wird durch ihren wuchtigen Turm ausgezeichnet, der im Kern eine runde Form besitzt und aus dem 12. oder 13. Jh. stammt sowie in Feldstein errichtet wurde. Die heutige quadratische Form entstand durch die Backsteinummantelung von 1751, wie die eisernen Zahlen der Ankerschlaudern verraten. Der kupfergedeckte Barockhelm ist deutlich höher als der Turmschaft. Der Helm beginnt mit einer sehr kurzen Schweifung, die in die achteckige Pyramide überleitet. Wie in unzähligen niederdeutschen Kirchen hängen kleine Glocken am Helm über der Uhr, von einem Pultdach geschützt.

Das Langhaus ist ein flach abgeschlossener Fachwerkbau von 1622, dessen Gefache zum Teil in Zierverband ausgefüllt wurden. Das Gebälk ist weißlich gefasst. Vor allem die höhere Stellung der Rechteckfenster, die nicht gleich auf dem Brustriegel stehen, unterscheidet diese Fachwerkstruktur von der von Wohnhäusern. Hätte die Kirche keinen Turm, könnte sie von außen beinahe mit einem Profanbau verwechselt werden. Das sehr schlichte Innere wurde 1902–03 durch eine Brettertonne über Holzstützen verändert.
Die Kirche steht in einem vornehmen Viertel Hamburgs und trägt nicht unwesentlich zu dessen Schönheit bei.

St. Johannis in Eppendorf, Turm

St. Johannis in Eppendorf, Choransicht

St. Josephskirche (St. Pauli)

Von dieser ausnahmsweise katholischen und nach der Kriegszerstörung wiederaufgebauten Kirche sind nur Fassade und Seitenwände original erhalten (Abb. S. 58). Sie wurde 1718–23 wohl von Melchior Tatz aus Österreich errichtet. Damit erklärt sich auch die Gestaltung, die geschwungene Formen des süddeutschen bzw. österreichischen Barock zeigen, kombiniert mit sichtbarem, „norddeutschem" Backstein (vgl. Michaelskirche). Die Fassade mit ihrem konkaven Mittelteil kommt vor allem durch die radial gestellten Voluten im Giebel zu voller Geltung. Die flachen flankierenden Giebelvoluten bilden ungewöhnliche Spitzen. Die Form des Giebelfensters greift die geschwungenen Formen der Architektur auf. In der Nische über dem Portal steht die Figur des heiligen Josephs mit dem Jesuskind.
Im Schutz der großen Altonaer Religionsfreiheit konnten hier Katholiken öffentlich Messen feiern, was in den meisten norddeutschen Städten kaum möglich war.

St. Josephskirche in St. Pauli

St. Pauli-Kirche in St. Pauli

St. Pauli-Kirche in St. Pauli (Pinnasberg)

Der längsrechteckige Bau – einst Mittelpunkt der Vorstadt – ist eine Saalkirche aus den Jahren 1818–20, die von Carl Ludwig Wimmel im Geist des Klassizismus errichtet wurde. Der Turm stammt erst aus dem Jahr 1864. Er zeigt eine romanisch-gotisierende Formensprache und stellt so zwar einen Kontrast zum klassizistischen Kirchenschiff dar, bildet durch das gemeinsame Baumaterial aber dennoch eine geglückte Einheit. Die Schlichtheit der Architektur unterstreicht den Charakter als „Kirche des rationalistischen Protestantismus" – so Hermann Hipp über diesen Bau. Dies gilt im besonderen Maße auch für den Innenraum. Sankt Pauli ist von einem Kirchhof umgeben, auf dem noch die Steinplatten alter Familiengrüfte liegen.

St. Petri und Pauli (Bergedorf)

Ein Sakralbau an dieser Stelle wird 1162 erstmals erwähnt. Die heutige Fachwerkkirche geht auf eine Konstruktion von 1499–1502 zurück, die 1589–91 und noch einmal 1608–09 nach Westen verlängert wurde. Im Zuge der zweiten Verlängerung wurde der Westturm mit dem achteckigen Spitzhelm erbaut, der 1775 von Sonnin gerade gerichtet werden musste. 1660–70 dürfte der südliche querschiffähnliche Anbau entstanden sein, dem um 1836 ein Eingangsvorbau als Windfang vorgelegt wurde. Dies erfolgte im Rahmen einer größeren Instandsetzung der seinerzeit baufälligen Bausubstanz. Am ursprünglichsten haben sich die fünfseitig polygonale Ostapsis und die Nordseite erhalten. An dieser kragt der Logenanbau des 18. Jhs. vor. Das Gebälk ist weiß gefasst.

St. Petri und Pauli in Bergedorf, Ansicht der Apsis (links) und Inneres (rechts)

Domkirche St. Marien, Fassade

Als Raum wird die Kirche aus zwei im rechten Winkel zueinander stehenden Sälen geformt. Das behagliche Langhaus wird von den Emporen des späten 17. Jhs. geprägt, deren Brüstungen ein zum Teil umlaufendes Band von Bildern darbieten. Aus dem Manierismus stammen die Kanzel und die Reliefs des Taufbeckens, aus dem Früh- und Spätbarock der Altar und die vielen Pastorenbilder.

Domkirche St. Marien (St. Georg)

Als katholische Bischofskirche des 1995 neu gegründeten Erzbistums Hamburg dient die Kirche St. Marien, die 1890–93 als Pfarrkirche der katholischen Gemeinde Hamburgs nach Plänen des Paderborner Architekten Arno Güldenpfennig in neuromanischem Stil (in Anlehnung an den Dom zu Bremen) errichtet wurde. Das Apsismosaik „Krönung Mariens" von Eduard Goldkuhl (1948) ist eine Kopie des berühmten Apsismosaiks in Santa Maria Maggiore in Rom.

ÖFFENTLICHE GEBÄUDE DER STADT- UND STAATSHOHEIT

Amtsgericht Bergedorf (Ernst-Mantius-Straße 8)

Fritz Schumacher errichtete 1926–27 in der schmalen, gekurvten Ernst-Mantius-Straße einen Baukomplex als Gerichtsgebäude und Gefängnis. Der Bauplatz ließ kaum Raum für die Entfaltung einer repräsentativen Fassade. Diese Situation akzeptierend, schmiegte der Architekt seinen Bau dem Straßenverlauf an und gab ihm mit den breiten Bändern der Gurt- und Sohlbankgesimse (also Stockwerk- und Fensterbankgesimsen) seine Form. Ein mit vielen Kleinfenstern ausgestatteter Kniestock zwischen Kranzsims und Dachtraufe unterstreicht die Fassadenperspektive mit einem leichten Knick hinter dem geringfügig auskragenden rechten Risalit. Der Eingangsbereich öffnet sich als ein von vier Pfeilern getragenes Atrium. Das Satteldach trägt einen die Mittelachse markierenden Dachreiter aus Kupfer. Die Befensterung ist regelmäßig, im Erdgeschoss sind die Fenster jedoch meist breiter als in den Obergeschossen.

Die Dreiflügelanlage des Amtsgerichts wird an der zum Billeteich offenen Seite durch einen niedrigen flachgedeckten Gefängnistrakt mit zwei Höfen geschlossen. Die Architektur sollte die Hoheit des Hamburger Staates in Bergedorf versinnbildlichen. In diesem Zusammenhang fiel der Bauschmuck von Richard Kuöhl recht zurückhaltend aus: lediglich ein Stadtwappen, umklammert von der Justizwaage, auf deren Schalen jeweils Männlein und Weiblein stehen, und ein teilweise von geometrischen Mustern bereichertes Mauerwerk.

Amtsgericht Bergedorf

Amtssitz der Landherrenschaften (heute Polizeiwache Klingberg 1)

Der Bau wurde 1906–08 von Albert Erbe als Dienstgebäude für die Landherrenschaften, also für die Verwaltung des hamburgischen Landgebietes errichtet. Auch eine Polizeiwache war hier von Anfang an untergebracht. Es handelt sich um den ersten Neubau auf diesem Sanierungsgebiet; später wurde er vom Chilehaus an zwei Seiten umklammert. Der Neubau stand ursprünglich neben niedrigeren historischen Bürgerhäusern direkt am Kai, wie unter anderem auf einer Zeichnung von Ferdinand Sckopp um 1910 zu sehen ist. Die Fassade ist neubarock und endet in einem hohen geschweiften Giebel in der Tradition althamburgischer Kaufmannshäuser. Erdgeschosssims, Portal, Hauptsims und

Umrandung der Giebel wurden in Haustein gearbeitet, die Wandflächen zeigen unverputzen Backstein. Der leichte, vom Erdgeschoss bis zum Giebelende reichende Risalit der Fassadenmittelachse wird durch Bandrustikastreifen betont. Die Grenzen der Giebelfassade markieren rustizierte Mauerstreifen. Gebrochen wird die Symmetrie der Komposition durch das Portal mit dem darüberliegenden rechten Fassadenteil.

Finanzdeputation (Finanzbehörde, Gänsemarkt 36)

Das achtgeschossige Gebäude wurde 1918–26 durch Fritz Schumacher um einen U-förmigen Kern mit Lichthof in Stahlbeton errichtet. Dabei haben die in Klinker und ohne Betonkern ausgeführten Fassadenstützen eine eigene tragende Funktion. Von den drei Fassaden (Gänsemarkt, Valentinskamp und Neue ABC-Straße) ist erstere die kürzeste, aber repräsentativste – auch wenn die lange Front am Valentinskamp den Haupteingang beherbergt. Für die Eigenschaft der Gänsemarktfassade als Hauptschauseite spricht die Bauplastik von Richard Kuöhl, die über dem mittleren Portalbogen ein von althamburgischen Fachwerkhäusern umgebenes Stadtwappen zeigt. Diese teilvergoldeten baukeramischen Reliefs sind von hervorragender Qualität und nicht genug zu loben. Besteht das untere Wappen aus einer expressionistisch-gotischen Stadtlandschaft, so zeigt das am 6. Obergeschoss axial platzierte Wappen eine Kartusche mit der dreitürmigen Burg, gestützt von einem männlichen und einem weiblichen Wappenhalter. Während der Mann mit seinem gefüllten Netz als Fischer zu erkennen ist, ist die Frau mit ihrer Blätterranke nicht näher zu identifizieren. Es handelt sich eher um vollplastische Statuen als um Reliefs. Am Valentinskamp und an der Neuen ABC-Straße gibt es nur im unteren Bereich Bauplastik.

oben: Amtssitz der Landherrenschaften, heute Polizeiwache

Mitte: Finanzdeputation am Gänsemarkt

links: Finanzdeputation, Hausschild mit Relief Alt-Hamburgs

Finanzdeputation, Wappenträger und Wappen von Hamburg

Die Komposition der stumpfwinklig aufeinandertreffenden Gebäudeflügel Gänsemarkt/Valentinskamp, die durch ein abgerundetes Turmglied wie durch ein Gelenk verbunden sind, weist eine homogene Fassadenbehandlung in 9 bzw. 20 Achsen auf. Diese liegen geringfügig vertieft zwischen den fünf Geschoss hohen Pfeilern. Vom glatten 6. Stockwerk an werden Korbbogenfenster eingesetzt, die wie die unteren rechteckigen durch dreiteilige Blockrahmen gegliedert werden. Der Rücksprung der Staffelgeschosse ermöglicht die Entstehung eines runden Turmschafts als Quasi-Freikörper an der Hausecke – eine Fortsetzung der abgerundeten Lösung im unteren Bereich. Erst diese zwei obersten Geschosse erlauben die Wahrnehmung der Ecke als einen Turm, der in der Baumasse von den Seitentrakten wie „gefangen" gehalten wirkt. Diese architektonische Subtilität und die vielen Details wie die Betonung der Turmbekrönung durch bunt glasierte Reliefs, die großen und wunderbaren Keramiklampen sowie die Behandlung der Brüstungen im Zierverband belegen zusätzlich die meisterhafte Qualität des Gebäudes.

Finanzdeputation, Halle

Im Inneren ist die vom Valentinskamp zugängliche Eingangshalle durch ihre aufwändige Gestaltung hervorzuheben: eine dreischiffige Halle, deren Pfeiler mit Keramik verkleidet sind. Die Seitenschiffe sind schmal und flachgedeckt, das Mittelschiff wird von einer kassettierten Tonne in Wabenmuster überwölbt. Zur Exotik des Raumes trägt die grün-gelbliche Glasierung der Pfeiler und deren Form aus übereinandergestapelten Blöcken bei. Ihre schuppenartigen Oberflächen bescherten der Halle den Spitznamen „Bananensaal". Ungeachtet dieser scherzhaften Bezeichnung ist die Halle ein Paradebeispiel für die Anstrengungen des Art-Déco, eine eigene stilistische Richtung einzuschlagen, was ja auch durchaus gelang. Das wird besonders deutlich, wenn man den ersten Entwurf Schumachers für die Halle betrachtet, der eine konventionelle Gliederung voller klassizistischer Elemente vorsah. Ein Keramikbrunnen mit Plastik und Reliefs von Richard Kuöhl übernimmt die Rolle des „Altars" in der pseudokirchlichen Raumperspektive.

Der nach Osten abgerundete Innenhof zeigt cremefarbene Verblender, die für eine größere Lichtreflexion sorgen. Dagegen tragen die Außenfassaden „Ol-

denburger Verblender" in unterschiedlichen Rottönen von Orange bis Violett.

Neues Rathaus Altona (Platz der Republik 1, Altona)

Das alte Rathaus Altonas von 1716 stand bis 1943 am Ostende der Königstraße. Das neue Rathaus, am Ende der prächtigen Allee Palmaille gelegen, wurde 1896–98 nach den Entwürfen von Stadtbaurat Joseph Brix und Stadtbaumeister Emil Brandt unter Einbeziehung des Kopfbaus des 1844 eröffneten Altonaer Bahnhofs errichtet, nachdem der Bahnhof selbst nach Norden verlagert worden war. Die Südansicht (zur Elbe) zeigt noch Fassadenteile des klassizistischen Ankunftsgebäudes des alten Bahnhofs von Oskar Winkler. Der heutige Komplex ist eine Vierflügelanlage im Stil des internationalen Historismus, bei

Neues Rathaus von Altona, Nord- und Südseite (oben) und Ostansicht (unten)

Ehem. altes Altonaer Rathaus von 1720 an der heutigen Königstraße

Rathaus, Rustika am Erdgeschoss des Turms

unten und rechts: Rathaus, Hauptfassade

dem der Architekt vor allem Bauformen der italienischen Renaissance, des Barock und des Klassizismus rezipierte. Stilistisch eng verwandte Bauten entstanden für derartige repräsentative Bauvorhaben zur gleichen Zeit überall auf der Welt. Bemerkenswert ist, dass der berühmte Bildhauer Ernst Barlach (1870–1938) 1897–99 nach seinem Studium in Paris das Giebelrelief des Rathauses schuf. Es ist damit eines seiner ersten bedeutenden Werke. Vor der Nordfassade steht seit 1898 das Reiterstandbild Kaiser Wilhelms I., dem ersten deutschen Kaiser, geschaffen durch den Berliner Künstler Gustav Eberlein. Es veranschaulicht die Zeit ab 1867, als Preußen die Herrschaft über Schleswig-Holstein und Altona antrat.

Rathaus (Rathausmarkt) und Börse

Das Hamburger Rathaus blieb im Zweiten Weltkrieg so gut wie unversehrt. Daher ist es als eines der wenigen historistischen Großstadtrathäuser Deutschlands einschließlich seiner geradezu schlossartigen Innenräume vollständig intakt auf uns gekommen.
Das alte Rathaus samt Forum an der Trostbrücke verschwand im Rahmen des Großen Brandes von 1842. Der 1886–97 von einem „Rathausbaumeisterbund" errichtete heutige Rathausneubau war Anlass zu einer städtebaulichen Neuordnung, die viel vom heutigen Reiz des Stadtzentrums ausmacht. Rathausmarkt und kleine Alster bilden eine L-Form, deren Winkel von einer Wassertreppe übernommen wird. Die Kleine Alster wird von den durch de Chateauneuf errichteten Alsterarkaden platzartig begrenzt, während die gesamte Breite des Marktes von der Hauptfassade des Rathauses eingenommen wird. Diese wurde aus dem Entwurf von Martin Haller/Leopold Lamprecht zum Wettbewerb von 1876 entwickelt und zeigt eine streng symmetrische Komposition, deren Mitte der Rathausturm bildet. Die als Risalite oder Pavillons gestalteten Fassadenenden entsprechen links dem Bereich der Bürgerschaft und rechts dem des Senats, was funktionsgemäß zu einer unterschiedlichen Raumgestaltung führte. Das verrät die einheitliche Außenarchitektur allerdings nicht. Stilistisch wurde die Anküpfung an die norddeutsche bzw. niederländische Renaissance gesucht. Die Baumasse – die Fassade besitzt die beachtliche Länge von 111 Metern – und die Gebäudesilhouette sind elegant gestaltet. Die Rustika gliedert das Erdgeschoss. Beim schlanken, wenngleich wehrhaft wirkenden, 112 Meter hohen Turm reicht die Rustika an den Ecken bis zum Helmansatz. Stilistische Vorbilder können unter anderem im Schloss zu Güstrow (2. Hälfte des 16. Jh.) gesehen werden. Das hohe kupferne Dach des Hamburger Rathauses erinnert – insbesondere an der Hofseite – an das Walmdach des spätmittelalterlichen Bremer Rathauses, das im 16. Jahrhundert verändert wurde; ebenso vergleichbar sind die Zwerchhäuser und Giebel. Das ehrgeizige ikonographische Programm der Hauptfassade zeigt unter anderem 20 Kaiserstatuen, Tugenden, Herolde, Familienwappen, Büsten, Heilige, Allegorien.
Die Eingangsdiele ist als dreischiffige Halle, auf 16 gedrungenen Rundpfeilern ruhend, im Stil der Neo-Nachgotik und -Renaissance gestaltet. Darüber befindet sich der Festsaal. Entlang der Front zum Rathausmarkt zieht sich eine Flucht von Repräsentationsräumen hin. Unter den prunkvollen Räumen sind der Bürger- und Kaisersaal, der Saal der Re-

Stuttgarter Ratskeller
STUTTGARTER WEINDORF
S U

Rathaus, Ansicht von Südwesten mit Börse rechts

Rathaus, Rückfassade mit Börse im Vordergrund

Neue Börse, Westansicht (s. auch Abb. S. 34)

publiken, der Bürgermeister- und Phönixsaal sowie das Bürgermeister-Amtszimmer zu nennen.

Rathaus und Börse (ab 1839) bilden ein Ensemble mit gemeinsamem Innenhof (Abb. S. 2). Diese Neue Börse (Abb. S. 34) überstand den Großen Brand von 1842, wurde aber mehrmals bis 1912 erweitert bzw. zum Teil umgestaltet. Die unmittelbare Nähe von Börse und Rathaus in der neuen wie der alten städtebaulichen Situation (jetzt am Rathausmarkt, früher an der Trostbrücke) ist für die seit der Frühen Neuzeit existierende Handelsrepublik Hamburg kennzeichnend.

SCHUL- UND HOCHSCHULBAUTEN

Kunstgewerbeschule/Hochschule für Bildende Künste (Uhlenhorst, Lerchenfeld 2)

Die Kunstgewerbeschule bzw. Hochschule für Bildende Künste wurde von Fritz Schumacher im Jahre 1909 in Dresden entworfen und 1911–13 errichtet. Von der alten Anlage ist der Haupttrakt unter großem Mansarddach an der Ecke Lerchenfeld/Uferstraße in ursprünglicher Form erhalten geblieben, während die Flügelbauten im Krieg teilzerstört und 1951–53 verändert – so zum Beispiel der Atelierbau – wiederhergestellt wurden. Die Erneuerung des Gebäudes lag in den Händen von Gustav Hassenpflug, der die Anlage Schumachers gänzlich verschandelte, nicht nur mit dem neuen Flachdach. So beseitigte er auch den Eingangspavillon mit der Pergola – was Kallmorgen hingegen als „Entmonumentalisierung" der Anlage feierte. Was als Akt der „Demokratisierung" gelobt wurde, ist hier wie leider vielerorts eigentlich Vandalismus. Den offenkundigen Nachteil, den die Freiräumung des Eingangshofs mit sich brachte, hat man 1992–93 mit einer neuen Sichtbeton-Pergola von Bernhard Winking zu korrigieren versucht.

Das Portal wurde von Schumacher kunstvoll gestaltet: Ein leichter Risalit mit der Haupttür, von in Nischen stehenden Fenstern flankiert, wird als Utlucht-Motiv mit der sich leicht konvex wölbenden Kabine des Direktorenzimmers zusammengefasst. Das abgewalmte bleifarbene Pultdach des Entrees lässt die Kurve der Kabinenbrüstung organisch heranwachsen, die geschweifte Flachhaube schließt die Einheit elegant ab. Auch hier spürt man die unglückliche Entfernung von vier teilenden gemauerten Pfosten zwischen den Fenstern. Aus sieben Fenstern hat man drei gemacht, diese sind seit den späten 1990er Jahren immerhin wieder als Sprossenfenster gestaltet. Sehr erfreulich ist die Erhaltung des Originalzustandes der unteren Räume: die Eingangshalle samt Treppenhaus und die Aula. Erstere wirkt etwas kahl, konnte jedoch die großen, vom Jugendstil geprägten Glasfenster von Carl Otto Czeschka aus dem Jahre 1913 bewahren. Vor allem das seitlich platzierte Treppenhaus aus scharriertem Eisenbeton stellt ein Meisterstück dar, bei dem heute geradezu Assoziationen mit der Grafik von Maurits Cornelius Escher hervorgerufen werden. Die sehenswerte Aula ist zum großen Teil holzvertäfelt und heute weiß gestrichen. Leider verschwand dabei auch die Goldverzierung der

Kunstgewerbeschule (Hochschule für Bildende Künste), Portal

Decke. Erhalten sind aber die ansprechenden Wandbilder von Willi von Beckerath, die zwischen 1913 und 1918 entstanden. Gewiss war Beckerath weniger bedeutend als etwa der 15 Jahre ältere Ferdinand Hodler, seine Bilder atmen aber denselben Geist, der den Schweizer Künstler inspirierte. Der stark symbolische Zyklus enthält Lebensalter und Tageslauf-Motive, die ein wichtiges Zeitdokument aus den eigentlich unseligen Jahren des Ersten Weltkriegs sind und aus der Aula ein suggestives Denkmal jener Periode machen.

Gelehrtenschule des Johanneums (Winterhude, Maria-Louisen-Straße 114)

Die älteste höhere Bildungseinrichtung Hamburgs ist die Gelehrtenschule des Johanneums, die 1529 der Kirchenordnung Bugenhagens entsprang und sich im 1829 abgerissenen Johannis-

links: Kunstgewerbeschule, Aula
unten links: Kunstgewerbeschule, Treppenhaus
unten rechts: Kunstgewerbeschule, Aula, Detail der Wandgemälde

kloster befand. Der 1840 fertiggestellte Vorgängerbau der heutigen Schule stand auf dem Domplatz (Speersort). Als die Schule die Kapazitäten dieses Baus überschritt, suchte man außerhalb der Stadtmitte nach einem neuen Standort, der in Winterhude gefunden wurde. In typologischer Erinnerung an den Altbau errichtete Fritz Schumacher 1912–14 das neue Johanneum, das bis heute erhalten ist. Die Anleihe aus dem inzwischen zerstörten Altbau der Stadtmitte ist die Verbindung der Seitenflügel durch einen vorderen Arkadengang. Er grenzt den Innenhof von der Außenwelt ab. Damit sollten auch die Geräuschquellen von Hochbahn und Straße möglichst vom Unterricht ferngehalten werden.

Das Ensemble der Schule wirkt aristokratisch und verfolgt im eigenen „Hamburger" Stil Schumachers rein formelle Prinzipien der Barockarchitektur. Hier stehen sie natürlich im Dienst eines selbstständigen Schulprogramms.

Johanneum, Hauptfassade (oben), Ansicht von der Straße (unten)

Johanneum, Uhr mit „Paideia"

Die Anlage besteht aus einem erhöhten Hauptkörper, an den Seitenflügel anschließen, die in querrechteckigen Pavillon-Kopfbauten enden. Zusammen mit den sie verbindenden fünf Arkadenstellungen bilden sie die Hauptfront der Schule. Die Pfeiler dieses Arkadengangs sind mit halben dorischen Säulen versehen, die stilwidrig Basen tragen. Die Agraffen wurden für die Anbringung von griechischen Kopfprofilen genutzt. Überhaupt wurde das alte Griechenland ikonographisch bemüht, bildet doch die *paideia* den Grundstein des europäischen Lehrens. Dies zeigt insbesondere die vergoldete Uhr am ovoiden Mittelteil des Haupttrakts: Auf einer Bronzetafel erscheinen rechts und links des Uhrblatts jeweils ein Lehrer mit seinem Jüngling, deren in der Antike inniges Verhältnis demonstrierend. Ein weiterer nackter Knabe aus Bronze steht seit 1929 im Schulhof, zum 400-jährigen Jubiläum des Johanneums gestiftet und von Richard Kuöhl fein modelliert – die *paideia* war weit über 2 000 Jahre lang ja reine Männersache.

Johanneum, Soldatenjüngling im Treppenhaus

Von außen bildet der geschweifte Gebäudeteil ein würdiges Entree. Die Höhe des Mitteltrakts wird dadurch erreicht, dass die beiden Haupträume der Schule, Turnhalle und Aula, übereinander angeordnet wurden. Dieser Baukörper steht unter einem großen Walmdach, dessen Dachreiter als Austritt für astronomische Übungen dient. Auch hier sind vage Verwandtschaften mit dem Barock vorhanden, zum Beispiel der Kuppelaustritt und das Oval am Schloss Solitude bei Stuttgart. Die Architektur ist weitgehend schlicht, die Wandflächen sind in stark farbigen Lüneburger Ziegeln gemauert. Außer den „Schauseiten" ist nur noch das Direktorzimmer durch einen verzierten Flacherker gesondert behandelt. Die Fenster der Aula bestimmen die hintere Schulfassade, das Pendant zur ovoiden Kuppelhaube ist hier ein dreieckiger Giebel. Über den Fenstern sind auskragende Köpfe platziert. Der Innenhof ist Tummelplatz der jüngsten Jahrgänge, den älteren ist der seitliche Spiel- und Turnhof vorbehalten.

Erwähnenswert ist der Frühstücksraum im Keller mit der Milchausgabe, eine Notwendigkeit, da die Schüler des Johanneums auch aus entferntesten Stadtteilen kamen.

Die Bronzestatue im Treppenhaus, ein an Donatello erinnernder idealisierter Jüngling mit Schwert und Stahlhelm, verrät nur zu deutlich den Widerspruch zwischen dem humanistischen Anspruch der *neopaideia* dieser Schule und der Realität sinnlosen Todes an den Kriegsfronten.

Schulbau (Vor dem Holstentor 2)

Die ehemalige Schule an der Gnadenkirche in Sankt Pauli war Ende des 19. Jhs. als „Provisorium" im sogenannten Technischen Fachwerk gezimmert. Sein Merkmal ist die Verwendung eines Rasterfachwerks mit zahlreichen X-Figuren, die nicht immer wie hier Andreaskreuze sind. Darüber hinaus sind alle Hölzer in derselben Breite zugeschnitten, sozusagen seriell vorge-

Schulbau, Vor dem Holstentor

fertigte Elemente. Das dünne Gebälk wurde außerdem maschinell gesägt. Die Gefache sind fast immer mit Backsteinen ausgemauert. Für die Gestaltung der Konstruktion war erstmalig in der Fachwerkarchitektur die Berechnung der nötigen Tragfestigkeit bestimmend – was früher ausschließlich aus tradierten Erfahrungen erfolgte. Da das Technische Fachwerk insbesondere für die Konstruktion kleiner Bahnhöfe angewandt wurde, nimmt es nicht wunder, wenn die Schule Vor dem Holstentor wie ein Bau der ehemaligen Reichsbahn wirkt. Das zweigeschossige Gebäude ist streng symmetrisch: Zwischen zwei „Flachgiebelhäusern" befindet sich der querrechteckige Mitteltrakt. Seine Mittelachse ist durch das wettergeschützte Portal und am Dach durch ein Zwerchhaus betont, das wie die Giebel Teil eines Kniestocks ist, der dadurch etwas geräumiger ausfiel. Eine Verriegelung fehlt, zwischen den mehrachsigen Fenstern und an den Hauskanten sind jeweils in Geschosshöhe zwei „X" übereinander platziert.

Bis Juli 2005 wurde der Schulbau zuletzt vom „Haus der Heimat" genutzt.

Universität, Hauptgebäude (Edmund-Siemers-Allee 1, Rotherbaum)

Noch vor der Gründung der Universität wurde das Gebäude 1909–11 nach Plänen von Distel & Grubitz erbaut. Das „Allgemeine Vorlesungswesen" war eine Art Volksuniversität, für die Edmund Siemers den Neubau stif-

Universität, Hauptgebäude

tete. Als im März 1919 die Universität endlich gegründet wurde, zog sie in das große Vorlesungsgebäude, das seine Fassade mit repräsentativem Charakter der Allee zuwendet. Kritisiert wird, dass sich in den quadratisch ummauerten Grundriss ein Kreuz mit Hörsälen einschiebt, deren mühsame Erschließung durch lange Korridore erfolgt. Die runde Mitte als „Pantheon der Bildung" beherbergt das Hauptauditorium mit seinen 700 Plätzen, von außen durch die kupferne Kuppel als Höhepunkt des Ensembles leicht erkennbar. Die davor platzierte Vorhalle wurde palastartig geschweift gestaltet und von einer ebenfalls kurvierten Säulenhalle begleitet, die den noblen Charakter des Gebäudes unterstreicht – galten doch Säulenpaare als vornehm. Die Architektur ist unverkennbar süddeutsch und führte in Hamburg als „ortskonträres" Element den Rauhverputz ein. Die Präsenz von Theodor Fischer und Gabriel von Seidl in der Jury kann man dem Gebäude tatsächlich ansehen. Offensichtlich haben die beiden in dem hochkarätig besetzten Preisgericht ihre Vorlieben durchgesetzt. Die Fassadengliederung wurde mit Werkstein erstellt. Sonst ist das Gebäude in zeitgemäßer Technik als monolithischer Stahlbetonbau errichtet.

Volksschule am Holstenwall 16–17 (jetzt Handelsschule)

1904–06 wurde von Albert Erbe die Volksschule als historistischer Bau im Stil der norddeutsch-niederländischen Renaissance erbaut. Die breitgelagerte Fassade zeigt eine gelungene Komposition, die zur Mitte hin ansteigt und in einem Siamesengiebel mit fleischigen Voluten und einem mittigen Stadtwappen endet. Der Mauerverband mit Natursteinschichten alle 16 Backsteinlagen erinnert an Holland, war aber auch im Hamburger Raum seit dem 16. Jh. bekannt, so

Volksschule am Holstenwall (Handelsschule)

zum Beispiel am Schloss Reinbek. Kreuzfenster, Keilsteine und Portal sind in Haustein gearbeitet. Der Bau steht mit seinen reduzierten Schmuckformen und dem Sichtbackstein am Übergang vom Historismus zum Heimatstil. Seine unmittelbaren Vorgänger, wie das 1879–82 von Baudirektor Zimmermann erbaute Strafjustizgebäude oder das 1890–92 errichtete Harburger Rathaus sowie die ehemalige Regierung in Stade von 1887–89, zeigen noch stark reliefierte Fassadengestaltungen. In der Reduzierung und der geringeren Plastizität gegenüber seinen Vorläufern besteht die „Modernität" des Schulbaus. Der von 1901 bis 1909 in der Baudeputation angestellte Albert Erbe folgte darüber hinaus dem 1903 formulierten neuen Schulbauprogramm und entwarf zudem neue Schulhäuser für alle Stadterweiterungsgebiete.

Volksschule am Rübenkamp (Barmbek-Nord, Genslerstraße 33)

Volksschule am Rübenkamp

Der Bau wurde 1911–13 als Doppelvolksschule von Fritz Schumacher in Anlehnung an das Barockprinzip eines Mitteltraktes mit im stumpfen Winkel ansetzenden Seitenflügeln (Schloss in Karlsruhe) errichtet. Ähnlich dem Erbdrostenhof in Münster (1753–57) steht das Gebäude quer zwischen zwei senkrecht aufeinanderstoßenden Straßen (Rübenkamp/Genslerstraße), die in diesem Falle den Schulhof umfassen. Dies sorgt neben der Nutzung als Pausenhof für eine Abschirmung des Unterrichts vom öffentlichen Straßenraum. Die Dreier-Gliederung entspricht hier der Disposition von einem Knaben- und Mädchen-Flügel im Ost- und Nordtrakt und dem verbindenden Mittelbau mit seiner erdgeschossigen Turnhalle von 12 x 25 m. Darüber be-

Volksschule am Rübenkamp, Knabe von Berger und Silker

findet sich eine Gruppe von vier normalen Klassen jeweils mit der Zellengröße 6 x 9 m. Die Treppenhäuser wurden gegen die Rückseite platziert. Das hohe Dach, das im Mittelteil zwei Haubengaupen trägt, war für die Unterbringung eines zusätzlichen Zeichen- und eines Singsaales sowie als besonderer Raum für den naturwissenschaftlichen Unterricht gedacht. Im Keller wurden Kochlehrküchen untergebracht. Die erlesene Gestalt der Schule beruht auf einer vorzüglichen, durch die Zahl Drei bestimmten Komposition: drei Flügel, zwei Dreier-Fenstergruppen im Mitteltrakt und an den Seitenflügeln jeweils drei Giebel, unter denen die drei Fenster jeder Klasse zusammengefasst sind. Die Achsen des Mitteltrakts sind vom ersten Obergeschoss an durch reliefierte Dienste betont. Bei der Brechung der Flügel benutzte Schumacher im Erdgeschoss zwei „gotische", übereck gestellte Strebepfeiler. Auf beiden steht ein nackter Knabe. Diese Klinkerplastiken sind – wie übrigens auch die Dienste – geringfügig dunkler als die Backsteinwände. Einer der Knaben wurde bereits 1917 im Buch „Das Wesen des neuzeitlichen Backsteinbaues" stolz abgebildet. Es handelt sich um Arbeiten der Bildhauer Berger und Silker, die auch die Plastik der beiden überdachten Eingangsvorbauten an den Stirnseiten der Seitenflügel schufen – ganz volkstümliche Figuren. Diese pavillonartigen Vorbauten binden die Schule an die zwei umgrenzenden Straßen an.
Der Bau wurde 1992–94 einer Generalinstandsetzung unterzogen, bei der leider die weiß gestrichenen Holzstaketen der Umfriedung durch Stahlgitter ersetzt wurden.

Volksschule Krausestraße (Dulsberg, heute Emil-Krause-Gymnasium, Krausestraße 53)

Die 1919–23 errichtete Schule wurde im Rahmen des städtebaulichen Konzepts des Dulsbergs von Fritz Schumacher geplant. Sie war das erste Bauwerk dieser Siedlung und dokumentiert eine immer moderner werdende Architektur, die dennoch die Bindung

Volksschule Krausestraße, Fassadendetail

Volksschule Krause-straße

an die Tradition nicht vergisst. Vielleicht kann der Entwurf als Weiterentwicklung der Volksschule am Rübenkamp, deren Grundidee er aufnimmt und vereinfacht, verstanden werden. In der Tat liegt die Schule wieder zwischen zwei sich im rechten Winkel begegnenden Straßen (Krause-/Straßburger Straße), wobei der diagonal gestellte Baukörper mit seiner großartigen 24-achsigen Fassade dem konkaven Prinzip der Rübenkamp-Schule folgt und so einen ähnlichen Pausenhof schafft. Statt sich mit Untergruppierungen, Haupt- und Nebenformen zu beschäftigen, reduziert Schumacher in energischer Geste den Baublock auf eine mächtige Einheit. Dass dies keineswegs zu einer Verarmung führte, ist Schumachers Talent zu verdanken. Das fünfgeschossige „Croissant" lässt er an beiden Enden mit einer um ein Stockwerk geringeren Höhe ausklingen. Dies gibt Gelegenheit, mit den Abwalmungen des Dachs zu spielen. Eine eingeschobene „Laterne" mit 20 rundbogigen Fenstern, diskret von wenigen Fledermausgaupen begleitet, belebt das Hauptdach und sorgt für mehr Nutzraum. Rundbögen erscheinen sonst nur in dem dadurch nobilitierten ersten Geschoss (die drei mittleren Öffnungen tragen Korbbögen). Über diesem als Sockelband definierten Geschoss erfolgt die Gliederung in „Kolossalordnung" durch Dienste, die einer dorischen Ordnung mit gefurchtem Schaft ähneln. Die Sprossenfenster runden den Gesamteindruck der Fassade ab. Auf Bauplastik wurde gänzlich verzichtet. Im Spiel des Lichtes entfaltet die Krümmung der Fassade ihre volle Plastizität.

Die Schule beherbergte schon von Anfang an neben 30 Klassen Werk- und Musikräume, Turnhalle und Bibliothek. In den 1970er Jahren wurde sie in ein Gymnasium umgewandelt.

Das Bauwerk kann als „Portal" zur bemerkenswerten Dulsberg-Siedlung gelten. „Wie ein Hohlspiegel sammelt es den Blick am Westende des Dulsbergs" (Hermann Hipp).

MUSEEN

Hamburger Kunsthalle (Glockengießerwall)

Das erste Museum, das auf den ehemaligen Wallanlagen errichtet wurde, war die Kunsthalle. Heute besteht sie aus drei klar differenzierten Teilen: dem Altbau im Stil der italienischen Renaissance von 1863–88 der Architekten Georg Theodor Schirrmacher und Hermann von der Hude, dem sogenannten Neubau im Stil des Neoklassizismus aus den Kriegsjahren 1914–19 (ausgeführt durch Albert Erbe und Fritz Schumacher) und schließlich der modernen Erweiterung von 1997 durch Oswald Matthias Ungers. Entsprechend des jeweiligen Zeitgeschmacks wandeln sich die Bauformen, stets in repräsentativer Form und auf der Höhe der Zeit stehend: vom üppigen Historismus (Altbau) über den Neubau mit seinem zurückhaltenden, griechisch geprägten Stil bis zur starren, kahl wirkenden Erweiterung des Architekten Oswald Matthias Ungers. Der Neubau der 1990er Jahre ist von großer Sparsamkeit an Formen, fixiert auf die Form „Quadrat", wie es für die Architektur Ungers typisch ist. Er ist nichts weiter als ein weißer Würfel mit wenigen Fensteröffnungen. Zur Errichtung des Erweiterungsbaus wurde allerdings das 1961–63 errichtete Kunsthaus von Paul Seitz abgebrochen. Würfel und Altbau stehen vis-à-vis im Dialog.

Städtebaulich tritt der „Neubau" von 1914–19 mit seinem gekuppelten runden Kopf vor der Nordfassade des Bahnhofs hervor. Die Muschelkalkgliederung besteht aus einer dicht gereihten ionischen Ordnung, die innen eine Rotunde in dorischer Ordnung beherbergt. Hermann Hipp definiert sie als „humanistisches Entree zu den Oberlichtsälen und Kabinetten der beiden Museumsgeschosse". Dieser schöne „Verteiler" erhebt sich über einem aufwändigen Intarsien-Fußboden.

Kunsthalle, Altbau von 1863–88

Die beachtliche Kunstsammlung geht auf die 1850 eröffnete „Öffentlich städtische Gemäldegalerie" zurück. Aber erst Alfred Lichtwark (1852–1914) machte alle wichtigsten „Entdeckungen" und konnte diese für das Museum anschaffen. Zu nennen sind insbesondere die Altäre von Meister Bertram und Meister Francke oder das Werk Philipp Otto Runges, heute ein Kern der Sammlungen. 1886 wurde Lichtwark zum Direk-

Kunsthalle, Altbau von 1863–88

Kunsthalle, Neubau von 1914–19

Kunsthalle, Erweiterungsbau (oben) und Rotunde im „Neubau" (unten)

tor der Kunsthalle berufen. Vor seinem Tod konnte er noch die Architektur des „Neubaus" der Kunsthalle positiv beeinflussen.

Museum für Hamburgische Geschichte (Holstenwall 24)

Fritz Schumacher fertigte bereits in Dresden einen ersten Museumsentwurf an, der mit Änderungen von 1914 bis 1923 verwirklicht werden konnte. Der zur Verfügung stehende Bauplatz war ein verbliebener Triangel der ehemaligen Befestigungsanlage, die längst eingeebnete Bastion „Henricus", auf der seit 1825 die Sternwarte stand. Dieses dreieckige Grundstück wurde von Schumacher intelligent für einen Grundriss im rechten Winkel gewonnen, was man der Hauptfassade am Holstenwall nicht ansieht, von hier aus präsentiert sich der Bau als Quasi-Barockschloss mit Ehrenhof. Die noble Architektur steht in niederdeutscher Tradition, wohlproportioniert und handwerklich bestens ausgeführt. Der Dachreiter mar-

Museum für Hamburgische Geschichte

kiert die Mitte der Haupthalle, schließt aber zugleich alle Schrägansichten des Gebäudes ab. Sein oktogonaler Stumpf mit der Uhr zeigt eine parkettähnliche Anordnung der Backsteine, die sich in leichter Variation in die schöne Laterne fortsetzt. Hier wurde nach dem Prinzip der backsteinernen Gefachausfüllung barocker Fachwerkhäuser in und um Hamburg gearbeitet. Durch eine geschickte Komposition sieht das viergeschossige Gebäude von außen wie zweigeschossig aus. Die verschränkten Baumassen wirken nicht so wuchtig, wie sie es ihrem Umfang nach tun könnten. Der Bau organisiert sich um einen L-förmigen Innenhof, der 1989–90 mit der filigranen Struktur eines gewölbten gläsernen Rahmengitters überdacht wurde (Gerkan, Marg und Partner). Eine wesentliche Funktion des Baus außer der Unterbringung der recht heterogenen Sammlungen war die Aufnahme zahlreicher althamburgischer Bauspolien, die man im 19. bzw. im beginnenden 20. Jh. vor der Spitzhacke hatte retten können. So stammen fast alle Türen des Gebäudes aus früheren Bergungsbeständen, worauf Schumacher besonders stolz war. An den Wänden des Museums und im Park findet man zahlreichen Bauschmuck althamburgischer Herrlichkeit. Besondere Erwähnung verdient das manieristische Südportal der 1842 abgebrannten Petrikirche, das man nun nach langer Zeit im Museumshof gebührend ausstellen konnte. Aber auch viele Holzteile abgebrochener Fachwerkhäuser – unter anderem die reich geschnitzten Portale des 1675 vollendeten Bauhofs – fanden im Museumsinneren ein neues Zuhause. Der Einbau einer vollständigen Kaufmannsdiele aus der Deichstraße führte sogar zur Ausbildung eines vorspringenden Baukörpers an der Nordflanke des Museums.

Der Museumsbau steht in der Tradition großer Hamburger Museumsgebäude aus der Zeit des Historismus, wie z. B. dem Museum für Kunst und Gewerbe (Steintorplatz 1) von 1873–76 der Architekten Zimmermann und Carl Johann Christian.

Museum für Kunst und Gewerbe, Steintorplatz 1, 1873–76

BAHNHÖFE

Dammtorbahnhof (Rotherbaum)

Der Dammtorbahnhof wurde 1901–03 als „Kaiserbahnhof" bzw. Empfangsbahnhof für Staatsgäste im Auftrag der Altonaer-Preußischen Eisenbahndirektion von den Ingenieuren Cäsar und Schwarz zusammen mit dem Architekten Rüdell erbaut. Der Bahnhof steht in schöner Lage zwischen Moorweide und dem Park „Planten un Blomen", leider aber auch in unmittelbarer Nähe des Hochhauses „Congress-Centrum", einer Architektur der späten 1960er (Planung) und frühen 1970er (Ausführung) Jahre, die sich besser für das Stadtbild einer amerikanischen Stadt geeignet hätte.

Der zur Durchfahrt bestimmte Bahnhof besteht aus einer 17 m hohen Bahnsteighalle über hochliegendem Gleiskörper. Die sich darunter befindenden „Viadukte" dienen als Empfangs- und Warteräume und werden ebenfalls für die Unterbringung von Läden genutzt. Die als Fassaden gestalteten Südwest- und Nordostseiten sind repräsentative Werke des Neobarock mit Elementen des Jugendstils sowie mit mittigen, steinernen Baukörpern im Triumphbogenmotiv. Sie umrahmen die filigrane Hallenstruktur in Eisen und Glas und verleihen dem Skelettbau seine Materialität. Offensichtlich stand hier die Bahnhofsarchitektur von Berlin Pate, beispielsweise die Bahnhöfe Alexanderplatz und Friedrichstraße, wenngleich sich die meisten Bahnhöfe dieser Zeit – selbst international – ähneln.

Anders verhielt es sich mit dem alten Bahnhof von Altona, der wenige Jahre zuvor erbaut worden war (1893–95): Es handelte sich um einen Backsteinbau im neomittelalterlichen Stil mit dem Anspruch, „norddeutsch" zu wirken. Dieser Bau wurde in den 1970er Jahren durch einen ungemütlich wirkenden Neubau aus Betonfertigteilen ersetzt.

Dammtorbahnhof

Hauptbahnhof von Nordosten

Hauptbahnhof

Der Bahnhof wurde im Dezember 1906 nach vierjähriger Arbeitszeit eröffnet. Der Bahnkörper verläuft im ehemaligen Wallgraben und wurde mit einer Glas-Eisenhalle überwölbt, deren stumpfes Spitzbogen-Profil der Maschinenhalle der Pariser-Weltausstellung von 1889 nachempfunden ist. Für die technische Planung des Bahnhofs war Ernst Moeller von der preußischen Eisenbahndirektion, für den gestalterischen Part waren die Berliner Architekten Reinhardt und Süßenguth zuständig. Der großen spitzbogigen Tonne der Halle mit ihren 73 m Spannweite sind beiderseits eine Reihe kleinerer Quertonnen (im selben Profil) angeschlossen. Zusammen ergibt dieses eine Dreischiffigkeit der Anlage. Im Süden gibt es kein steinernes „Hemd" für diese Skelettkonstruktion, dagegen ist der Nordbereich reichlich architektonisch gegliedert: Die als nördlicher Abschluss der großen Halle gedachte Wandelhalle wird von Türmen markiert, die wie die restliche Architektur eine Mischung aus Neobarock und nicht-floralem Jugendstil zeigen. Die Neorenaissance findet man – im Gegensatz zur in der Literatur lesbaren Meinung zum Bahnhof – nur in Details wie den manieristisch inspirierten Giebeln. Beispielsweise tragen die Türme kupferne Helme, eine Variation des Hamburger Barock. Die palastartige Komposition der Nordfassade ähnelt mit ihrem Mittelteil („Corps de Logis") und ihren Seitenflügeln und Eckpavillons einem Barockschloss. Ein Vergleich mit dem Rathaus, das kurz zuvor im Stil der deutschen bzw. niederländischen Renaissance entstand, macht den stilistischen Unterschied deutlich. Die Ablehnung eines Jugendstil-Entwurfs für den Bahnhof soll auf Kaiser Wilhelm II. per-

Hauptbahnhof von Süden

sönlich zurückgehen, was ironischerweise die Modernität der Architektur nur förderte. Es ist kein Zufall, wenn das Gedenkblatt zur Einweihung des Bahnhofs 1906 ein Bild der Nordfassade zeigt, an der die Architektur über die Ingenieurkunst triumphiert – anders als bei der schönen, aber ganz nüchternen Südansicht der Halle: Sie beschränkt sich auf das verglaste Eisenskelett, das auf einem „Sockel" in Eisenfachwerk ruht. Als Besonderheit sind diese Gefache teilweise mit großen Granitblöcken gefüllt. Da der Bahnhof bekanntlich kein Kopf-, sondern ein Durchgangsbahnhof ist, war die Entwicklung einer vollständigen Repräsentationsfassade von vornherein kaum gegeben. Am Dammtorbahnhof hat man etwa zur selben Zeit dieses Problem so gelöst, dass man die Längsseiten fassadenartig gestaltete.

Hauptbahnhof Innenansicht

Haupt- und Dammtor-Bahnhof machten die vorhergehenden kleineren Bahnhöfe überflüssig, sie wurden zwischen 1903 und 1906 geschlossen.

Der Hauptbahnhof überstand Kriegsschäden, Wiederherstellungen und Erweiterungen, so 1968 und 1975. Die Rekonstruktion der Wandelhalle und ihr Umbau zur Einkaufspassage sowie die Überdachung des Hachmannplatzes erfolgten 1985–91.

U-Bahn-Station Mundsburg

Mundsburg (U-Bahn-Station, Schürbekerstraße 12, Uhlenhorst)

Die Haltestelle der heutigen Linie U2 wurde bereits 1914 in dem Buch „Hamburg und seine Bauten" wegen ihrer geschlossenen Bauform und Ziegel-/Werksteinarchitektur gelobt. Gebaut wurde sie 1910–12 von den Architekten Raabe und Wöhlecke, die sie mit einem zweigeschossigen Hauptteil (es handelt sich hier um eine Hochbahnstrecke) ausgestattet haben. Dabei begegnet dem länglichen Durchfahrtsbau ein geringfügig höherer, quer gestellter Mitteltrakt, dessen Walmdach den niedrigeren Walm des Durchfahrtsbaus durchschneidet. Die Architektur wirkt auf den ersten Blick geradezu chaletartig. Eine gute Proportionierung und ein zurückhaltender Bauschmuck sowie das Spiel zwischen back- und hausteinernen Partien machen die Distinguiertheit des Baus aus. Die Eingangshalle mit den Zugangstreppen und dem ehemaligen Schalterraum ist mit Mettlacher Kacheln verkleidet. Die 1985 erfolgte Instandsetzung durch die Architekten Grundmann + Rehder in Zusammenarbeit mit dem Denkmalschutzamt wurde mit dem Sonderpreis „Bauwerk des Jahres: AIV" gekrönt. Die schön kassetierten Holzeinbauten sind original erhalten.

St. Georg Zentraler Omnibusbahnhof (Adenauerallee 78, St. Georg)

Unweit des Hauptbahnhofs befindet sich der Zentrale Omnibusbahnhof. Er erhielt 2003 eine großzügige Überdachung in Form eines geschwungenen, überwiegend durchscheinenden, 175

St. Georg Zentraler Omnibusbahnhof

Meter langen Daches, das auf schlanken 21 jeweils elf Meter hohen Stahlstützen ruht. Ergänzt wird die Anlage durch kleine Geschäfte und Schnell-Restaurants, die sich durch eine Glasarchitektur auszeichnen. Die spielerisch leicht wirkende Konstruktion entwarf das Stuttgarter Architekturbüro Schlaich Bergermann und Partner.

THEATERBAUTEN

Deutsches Schauspielhaus (Kirchenallee 39, St. Georg)

Der 1899–1900 von den Wiener Architekten Ferdinand Fellner und Hermann Helmer errichtete Bau ist eines unter zahllosen ähnlichen Theaterbauten dieses erfolgreichen Architektenpaares. Insbesondere das Wiener Volkstheater – gleichfalls im Neobarockstil errichtet – entspricht dem Hamburger in großen Teilen. Man braucht nur einen Blick auf den internationalen – auch außereuropäischen – Theaterbau der Zeit zu werfen, um das Hamburger Schauspielhaus als völlig konventionell und typisch für seine Zeit zu beschreiben. In Nachbarschaft des ebenfalls makellos weißen Hotels Continental (auf der Abbildung links) wirkt das Ensemble – so wie es an schönen sonnigen Tagen aussieht – ausgesprochen südländisch.

Der historistische Bau ist außen wie innen mit Stuck ausgestaltet. Sein aufwändiges Neorokoko-Interieur ist so gut wie intakt erhalten. Das Äußere könnte ebenso gut eine Bank, eine Schule oder ein Ministerium in Südamerika sein. Der Fassadenmitteltrakt unter gekuppeltem Dach wird von einer Kolossalordnung aus korinthischen Halbsäulen gegliedert, die in den Seitentrakten durch Pilaster vertreten wird. Pathetische Skulpturengruppen durften an der Verkröpfung der Attika nicht fehlen. Feuerpolizeiliche Auflagen sollen für den Verzicht auf eine sockelartige Erhebung verantwortlich sein – Hipp moniert, dass deshalb das Gebäude „platt an der Straße und auf dem Trottoir" stehe.

Die 1984–85 unternommene Restaurierung entdeckte unter drei nachträglichen Anstrichschichten die gesamte ursprüngliche farbige Raumfassung mit

Deutsches Schauspielhaus

Laeiszhalle

zahlreichen Vergoldungen, die zurückgewonnen werden konnte. Sogar große unvermutete Podestspiegel kamen wieder ans Tageslicht. Der 1886 verstorbene König Ludwig II. von Bayern hätte diesen Bau gewiss sehr geliebt, wenn er ihn zu seinen Lebzeiten noch hätte sehen dürfen.

Laeiszhalle (Musikhalle, Johannes-Brahms-Platz 20)

Martin Haller und Wilhelm Emil Meerwein errichteten 1904–08 dank eines Vermächtnisses des Hamburger Reeders Carl Laeisz die Musikhalle, einen palastartigen Konzertbau mit zwei hintereinander gekoppelten Sälen für 1897 bzw. 610 Sitzplätze. Die neubarocke Formensprache nimmt im Unterschied zum Deutschen Schauspielhaus hamburgische Bautraditionen auf, die insbesondere an der Michaeliskirche orientiert sind. Trotz der starken Differenzierung der Bauvolumina fällt das Gebäude jedoch eher protzig-schwerlich aus. Das Erdgeschoss wirkt durch das (raumbedingte) hohe Hauptgeschoss regelrecht gedrückt, nicht zuletzt wegen seines überdimensioniert geratenen Abschlusses in Haustein mit Gebälk, Kranzsims und Balustrade unter hohem Mansarddach.

Acht Jahre nach dem Tod von Brahms in Wien konnte ein marmornes Brahms-Denkmal für das Foyer des Obergeschosses begonnen werden. Enthüllt wurde es 1909. Es ist ein Werk des berühmten Max Klinger, das den Stolz der Hamburger auf ihren großen Musiker widerspiegelt, dem sie allerdings eine feste Anstellung verweigerten. Der enttäuschte Brahms suchte sein Glück in Wien, wo er es ja auch fand.

BADEANSTALTEN

Alster-Schwimmhalle (Hohenfelde, Sechslingspforte, Ifflandstraße 21)

Die Alster-Schwimmhalle wurde 1968–73 von den Architekten Horst Niessen und Rolf Störmer sowie den Ingenieuren Leonhard & Andrä gebaut. Eine große Betonschale von 96 x 64 m stützt sich nur auf drei Punkte und sieht wie die Abstraktion eines Vogels aus. Es handelt sich um ein Hyparschalendach, das auf schlanken Randträgern steht und ein 50 m langes Schwimmbecken überspannt. Zu seiner Erbauungszeit galt die Alster-Schwimmhalle mit ihrem großen und leichten Flächendachwerk von 100 Metern als ein herausragendes Bauwerk der Moderne. Da zur gleichen Zeit in Sydney das heute zum Weltkulturerbe gehörende Operngebäude mit ebenso mutiger Dachlandschaft errichtet wurde, nannten die Hamburger das Schwimmbad überzogen „Schwimmoper". Heute gilt das Bauwerk selbst bei seinen Schöpfern als misslungen. Zur Kritik gehören nicht zuletzt funktionelle und konstruktive Mängel. Zu wünschen ist, dass die Konstruktion – anders als die Kongresshalle in Berlin – hält und nicht wie diese einstürzt.

Die Schwimmhalle ist das Kind einer blind futuristisch fixierten Zeit, die auch den Höhepunkt der Missachtung der Bautradition in sich trug. Der Bau ist im Stadtbild kaum präsent, da er eine eher versteckte Lage an der Sechslingspforte einnimmt.

Hammonia Bad (Lerchenfeld 14–18, Uhlenhorst)

Im Gegensatz zu den Badehallen ist das Hammonia Bad ein Ensemble von medizinischen Bädern ohne Schwimmbecken. Erbaut wurde es 1926–28

Alster-Schwimmhalle

Hammonia Bad

nach Entwurf von Carl Feindt. Wannen- und Brausebäder, Massageräume und eine Turnhalle sind hier nach wie vor untergebracht, dazu Praxen und Büros. Der hochhausartige Baukörper verbirgt hinter dem Zackengesims eine Dachterrasse, auf der früher Sonnenbäder möglich waren. Der expressionistische Abschluss war schon zwei Jahre früher am ehemaligen „Kühlhaus Union" in Neumühlen/Ottensen (heute Altenheim) erprobt worden, ein 1924–25 von Elingius & Schramm errichtetes Bauwerk.

Holthusenbad (Goernestraße 21, Eppendorf)

Das Badehaus wurde 1912–13 als eines der gelungensten Bauten von Fritz Schumacher errichtet. Es liegt direkt vor der U-Bahn-Station Kellinghusenstraße und folgt einem geradezu schlossartigen Gebäudetypus mit einem dreigeschossigen Mitteltrakt, links und rechts von mächtigen Schwimmhallen flankiert. Eine rechte für Männer und eine linke für Frauen entsprach der

Holthusenbad

Holthusenbad, Schwimmhalle

damaligen strengen Geschlechtertrennung. Obwohl es an einem Mittelrisalit fehlt, weist das Satteldach des Mitteltrakts eine mittige Erhöhung mit Fensterband und kupferner Laterne (die Entlüftungshaube) auf. Das Motiv der großen Korbbögen beider Schwimmhallen ist den halbrunden, durch Vertikalpfosten dreigeteilten Thermenfenstern der Antike nachempfunden, am Holthusenbad sind die großen Fenster durch sechs Pfosten siebenbahnig geteilt. Die Schwimmpavillons tragen Mansarddächer, ihr Mauerwerk zeigt einen schichtweisen Wechsel von Backstein und Eisenklinkern, die so eine horizontale Streifung der Außenwände bewirken. Jedes der drei Fassadenportale (rechts und links getrennt für Männer und Frauen und in der Mitte für das Standesamt bzw. die Bücherhalle) trägt ein Tympanon mit reizvoller Kinderplastik von Richard Kuöhl. Das Eppendorfer Standesamt sowie die Bücherhalle waren im Obergeschoss des Hauses untergebracht. Die Innendisposition des Bades ist im Wesentlichen erhalten, so die zweigeschossigen Hallen, die von einem Laufgang zu den Umkleidekabinen umgeben sind. Das Tonnengewölbe mit seinen Gurtbögen wurde unnötigerweise im Stil der späten 1970er Jahre in einem farblich abgestuften Grün getönt, zum Glück eine harmlose Intervention. Die Eingangshalle hat die schöne Holzvertäfelung des ehemaligen Trauzimmers bewahrt. Da nicht alle Häuser in Hamburg Dusche oder Bad hatten, war das Holthusenbad eine wichtige Einrichtung für die Hygiene der Bevölkerung. Die gleiche Funktion hatten auch die aufwendigen Badeanstalten im Stil der Jahrhundertwende, die bis zu ihrer Zerstörung im Krieg am Lübecker Tor, in Hammerbrock und Barmbeck bestanden.

Das immer noch sehr beliebte Holthusenbad und sein Viertel stechen durch Distinguiertheit hervor. 1988–89 fand der Umbau der Männerschwimmhalle zum Wellenbad, 1989–90 der der Frauenschwimmhalle zur Therme statt.

WARENHÄUSER/MARKTHALLE

Kaufmannshaus Bleichenbrücke 10/Große Bleichen

Das riesige Warenhaus der Architekten Stammann & Zinnow von 1906/07 nimmt einen ganzen Straßenblock im Zentrum Hamburgs ein. Der Baukörper ist fast gänzlich in eine Glasfassade aufgelöst. Die Jugendstil- bzw. Neobarockarchitektur wird durch mehrgeschossigen Pfeiler mit Korbbogenreihungen geprägt.

Kaufmannshaus Bleichenbrücke/ Große Bleiche

Klöpperhaus (Mönckebergstraße 3)

Der Handelssitz der Firma Klöpper wurde 1912–13 von Fritz Höger am Anfang der Mönckebergstraße nahe des Hauptbahnhofs gebaut. 1966–67 entkernte man das Gebäude und richtete es für das Warenhaus Kaufhof ein. Bis auf das Erdgeschoss haben sich die Originalfassaden jedoch erhalten, die längste an der Straße „Lange Mühren". Der Aufriss zeigt eine homogene Reihung von *bay windows,* also

Klöpperhaus, Fassade „Lange Mühren", Detail

polygonal-dreiseitige Erker, die sich über vier Geschosse in die Höhe strecken, um am 5. Obergeschoss in Balkonen vor glatter Wand zu enden. Die jeweilige Achse zwischen den Erkern markiert eine Kolossalordnung von Pilastern, die zurückhaltend durch ionische Kapitelle bekrönt sind. Anders als im Hapag-Bau ist dadurch keine gültige stilistische Einordnung möglich. Den konvexen Gliedern der Erker setzt Höger eine konkave, sehr schmale Eckfassade zur Mönckebergstraße entgegen, die in beiden Untergeschossen Platz für einen dreifach gebrochenen Altan als vornehme, aber sehr reduzierte Eingangsituation lässt (heute Schaufenster). Altan, Kapitelle und Simse wurden in Muschelkalk ausgeführt, was mit dem Backstein kontrastiert. Das Dach ist kupfergedeckt mit einem eingeschobenen Fensterband. Während lediglich an der Mönckebergstraße große Schaufenster unter Segmentbögen vorgesehen waren, hat man beim Umbau diese auch für die Lange Mühren benutzt. Dort befand sich der Haupteingang als doppelte Bogenstellung, ferner waren die Öffnungen gepaarte Rundbogen mit Sprossenfenstern. Bronzeplastiken von August Gaul wurden für den Hausschmuck eingesetzt. Während die Gruppen von Schafen am Gebäude – auch wenn falsch platziert – geblieben sind, ist der vorzügliche Merkur, der am Haupteingang zwischen dem Portalpaar stand, leider im Jahre 1942 entfernt worden und durch Umwege in die Kunsthalle gelandet. Der Merkur wurde wegen seiner Nacktheit von Anfang an kritisiert, was die Prüderie in Hamburg der Zeit

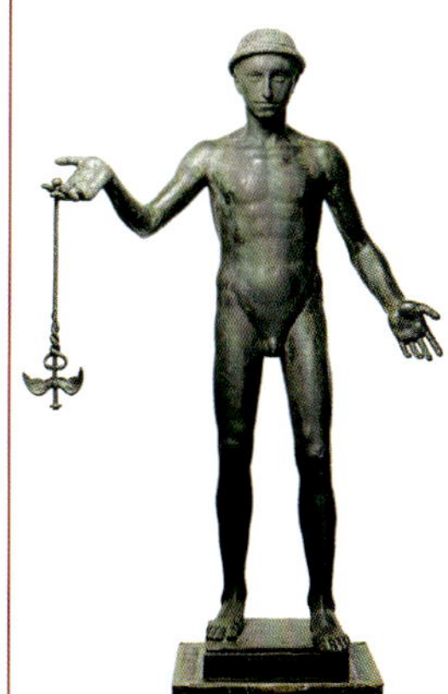

Merkur von August Gaul (früher am Klöpperhaus), heute in der Hamburger Kunsthalle

Klöpperhaus, Fassade „Lange Mühren"

Deichtorhallen

um den Ersten Weltkrieg an den Tag legt.

Das Haus ist in seiner Architektur ausgesprochen überzeugend. Die Anleihen wurden vornehmlich dem Barock entnommen, so das Spiel zwischen konvex und konkaven Formen und die Kolossalordnung.

Rappolthäuser (Mönckebergstraße 11)

Das 1911–12 von Fritz Höger erbaute Kaufhaus ist nach Kriegsschäden und einem unsensiblen Wiederaufbau in seinem Erscheinungsbild entstellt. So verschwanden die großen nachbarocken Giebel – von denen an der Südseite alle unversehrt und an der Mönckebergstraße nur die zwei mittleren kriegszerstört und die zwei äußeren erhalten geblieben waren – samt Dach. Seit dem Bau des großen Baublocks steht die Jacobikirche in seinem Schatten. Von der alten Pracht sprechen die negativen Ecken des östlichen Risalits mit einem kupfernen und einem steinernen Erker, letzterer mit Plastik von Georg Wrba. Auch der erhaltene Eingang weist den ursprünglichen Bauschmuck von Richard Kuöhl auf. Zur Verkleidung des Stahlbetongerüsts hatte Höger Klinker und Travertin angewandt.

Rappolthäuser

Deichtorhallen (Deichtorstraße 1–2)

Die großen Markthallen am Deichtor, in denen Obst und Gemüse gehandelt wurde, stammen von 1911/12. Sie werden seit ihrem Umbau durch Josef Paul Kleihues 1989 als Museum genutzt.

KONTORHÄUSER

Afrikahaus (Große Reichenstraße 27, Altstadt)

Das Gebäude entstand 1899 für den Reeder Carl Woermann, der 1854 seine erste Niederlassung in Afrika gegründet hatte – eine Faktorei in Liberia. Sein Sohn Adolph Woermann (1847–1911) gehörte zu den treibenden Kräften des Kolonialismus in der wilhelminischen Zeit. Das auf ihn zurückgehende Haus folgt im Grundriss der Tradition hamburgischer Bürgerhäuser mit Vorder- und Hinterhaus und dazwischenliegendem Hof. Zur Straße hin dominieren die weiß glasierten Verblendbacksteine in einer für die Architekten Martin Haller und Hermann Geißler ungewöhnlichen Drei-Nischen-Komposition. Am Ende des langgestreckten Hofes findet sich ein höchst origineller Eingang mit zwei gegossenen, fast lebensgroßen Elefanten-Vorderansichten. Das urafrikanische Motiv zeugt von der kolonialen Begeisterung jener Jahre. Bildhauer war Carl Börner, ein Schüler von Julius Lippelt (Autor des Schiller-Denkmals am Dammtordamm). Die Elefanten blieben in Hamburg nicht ohne Echo, wie das Klöpperhaus an der Mönckebergstraße und das ehemalige DHV-Haus am Johannes-Brahms-Platz zeigen. Zu diesen Häusern dürften Elefanten allerdings kaum einen ikonographischen Bezug haben.

Das Afrikahaus scheint eher einer literarischen als der realen Welt entsprungen zu sein, was für das 19. Jh. recht charakteristisch ist. Adolph Woermann starb im selben Jahr wie Emilio Salgari, in dessen Werk es von exotischen Tieren wimmelt.

Afrikahaus, Elefanteneingang

Ballinhaus

Ballinhaus (Meßberghof, Meßberg 1, Altstadt)

Das Ballinhaus wurde 1922–24 gleichzeitig mit dem unmittelbar benachbarten Chilehaus von den Architektenbrüdern Hans und Oskar Gerson errichtet. Der Gebäudegrundriss ist etwa Y-förmig, er verbreitert sich nach Osten durch drei Vorsprünge. Die im Osten offene Baumasse bildet einen Lichthof, der durch die Nachbarbauten verdeckt bleibt. Der Aufriss wirkt ungewöhnlich massig: ein zehngeschossiger Kernbau, dessen oberstes Geschoss gestaffelt ist, mit seitlichen achtgeschossigen Flügeln, bei denen das 7. und 8. Stockwerk zurückgesetzt sind. Im Unterschied zur aufwändigen Gliederung des Chilehauses wirken die Mauern geschlossen und breitflächig. Ihre Glätte – die Gersons beschäftigten sich weit weniger mit der Erfindung neuer Stile als der „Expressionist" Höger – war zukunftsweisend. Dennoch konnten auch hier modisches Dekor wie die maßwerkähnlichen Details und früher die Plastiken von Ludwig Kunstmann und Anlehnungen an das Mittelalter nicht fehlen. Erfolgt die Untergruppierung der Fenster im Kernbau durch rechteckige zweiachsige Vertikalnischen, so werden diese an den Seitenflügeln zu gotisch empfundenen Strebepfeilern, die in Wasserschlägen enden. Auch der polygonale Dachreiter wirkt nachmittelalterlich. Er bekrönt das beeindruckende Treppenhaus mit seinem vergoldeten Balustergeländer und seinen an Escher erinnernden Eidechsen. Der Dachreiter überragt das Walmdach, das heute leider nicht mehr mit Dachpfannen, sondern mit Titanzink gedeckt ist. Mitte der 1970er Jahre war das Ballinhaus abrissgefährdet. Es hat sehr lange gedauert, bis es unter Denkmalschutz gestellt wurde (1983) und noch länger bis zu seiner Instandsetzung (1997). Charakteristisch sind die „gotischen", im Grundriss diagonal gestellten Eckstrebepfeiler des Kernbaus, die in sanfter Kurve in die Wandfläche übergehen: ein Motiv, das kurz danach Höger in seiner Tabakfabrik Haus Neuerburg und Eugen Schmohl im Ullstein-Haus in Berlin wieder aufnahmen.

Bartholomay-Haus, Giebel (Text S. 96)

Vieles von der Originalausstattung des Ballinhauses ist erhalten, so die genagelten Eingangstüren mit ihrer rhombenförmigen Verglasung.

Da der Namensgeber des Hauses, der seit 1899 an der Spitze der HAPAG stehende und 1918 verstorbene Albert Ballin, eine von den Nationalsozialisten geächtete Person war, wurde das Ballinhaus 1939 „arisierend" zum Meßberghof umgetauft, was bis heute so geblieben ist. Besonders traurig ist in diesem Zusammenhang die Zwangsemigration der hochtalentierten Brüder Gerson, die als Opfer der wahnsinni-

Chilehaus, „Pumpen"

S. 97: Chilehaus, Spitze

unten: Chilehaus, Südansicht

gen nationalistischen Verfolgung 1939 Deutschland verlassen mussten.

Bartholomay-Haus (Altstädter Straße 1–3, Steinstraße 5–7)

Das Kontorhaus (Abb. S. 95) wurde in den Jahren 1938–39 von Rudolf Klophaus für Rudolf Bartholomay in Betonkonstruktion errichtet. Das Gebäude ist ein Kuriosum, zumal es als reiner Bürobau ohne jede Wohnfunktion im Gewand der historischen Architektur Lübecks erscheint. Überaus elegant sind die Schaugiebel mit ihren großen Windlöchern, ein Zitat der 1435 von Nikolaus Peck umgebauten Schauwand des Lübecker Rathauses. Hier wurden diese gotischen Windlöcher kombiniert mit dem Renaissance-Giebelumriss der 1614 in Lübeck errichteten und 1791 erneuerten Kanzlei. Von dort stammt auch die Verwendung von Werksteindetails, die sich vom backsteinernen Mauerwerk absetzen. Die Voluten sind hamburgischen Vorbildern nachempfunden. Heute sind die ursprünglich sprossengeteilten Fenster des Bartholomay-Hauses leider durch einfachere ersetzt.

Chilehaus (zwischen Meßberg und Burchardplatz)

1921 kaufte Henry B. Sloman von der Stadt Grundstücke, auf denen früher 69 historische Häuser gestanden hatten. Für diesen Bauplatz und den Bau selbst investierte Sloman die Deviseneinnahmen aus seinen Salpeterfabriken in Chile, was die Namengebung des Hauses erklärt. Entgegen der Absicht der Stadt, hier Wohnungen entstehen zu lassen, fiel die Entscheidung zugunsten von Kontorräumen. Ledig-

Chilehaus, Auslucht

lich 12 Wohnungen wurden im Block „D" an der Burchardstraße eingerichtet. Zwei große Grundstücke lagen östlich bzw. westlich der Fischertwiete. Auf der südöstlichen Ecke des Areals stand bereits das Dienstgebäude der Landesherrschaften aus den Jahren 1906–08 (heute Polizeistation, s. S. 61 oben), das es zu integrieren galt. Ganz anders als 1914 von den Architekten Distel und Grubitz geplant, entschied man sich für eine Überbauung der Fischertwiete, wodurch deutlich mehr Nutzraum entstand. Fritz Höger fasste die beiden Grundstücke durch einen einheitlichen Baukörper zusammen. Das nach Osten spitz zulaufende Grundstück wurde für einen scharfen Gebäudesporn gewonnen, der zum Signum des Hauses und zum neuen und spektakulären Symbol der Stadt wurde.

Das 1922–24 errichtete Haus ist Ergebnis eines langen Prozesses der Entwurfsfindung von mehreren Beteiligten. Nicht alle glänzenden Ideen gehen auf den Architekten Fritz Höger zurück, so auch nicht die Staffelung der Obergeschosse, eine Entscheidung der Baupflegekommission. Bis zur Fertigstellung des Gebäudes scheint sich der Architekt kaum der Wirkung der Gebäudespitze bewusst gewesen zu sein. Das von Höger verfolgte Gestaltungsprinzip lautete: „größte Körperlichkeit und Abtun jeglichen Fassadenhaften", was durchaus dem Modus deutscher Gotik (im Gegensatz zur französischen) entspricht. Die Haupteingänge des Chilehauses wurden auf die hofartig überbrückte Fischertwiete verlegt, womit eine repräsentative Portalsituation an den Fassadenansichten ausdrücklich vermieden wurde. Die Hamburger sowie die viel besser erhaltenen Lübecker Kirchen gingen mit demselben Problem ähnlich um.

Das Chilehaus steht als breitgelagerte, schwere Baumasse da, die von Höger in geknickten prismatischen Volumina mit einer kraftvollen S-förmigen Ondulierung an der Straße „Pumpen" ausgeformt wurde (Abb. S. 96). Die Ostspitze entwickelt sich frei, da die Umfassungsmauern im 5. Obergeschoss drei Fensterachsen und im 5. Obergeschoss vier Achsen vor der Hauskante aufhören und so die innere Bauflucht mit allen Geschossen freigeben. Im Parterre wird dieser Rücksprung von zwei Ausluchten überspielt, deren Bekrönung mit Terrakotta-Spitzbogennischen und Plastiken von Richard Kuöhl mustergültig gestaltet wurde. Vor der Spitze des Sockelgeschosses erhebt sich ein

Andenkondor als Symbol für Chile.
Das Chilehaus wurde in Eisenbeton (innere Stützen und Decken) gebaut. Dennoch werden sämtliche Fronten des Hauses von Mauerpfeilern getragen. Vom 5. Obergeschoss bis zum letzten Staffelgeschoss kragen die Decken mit einem Meter Ausladung über die Mauerflucht vor. Diese Decken sind für den gestaffelten oberen Abschluss des Gebäudes ganz wesentlich. Die entsprechenden Terrassen sind mit dünnen Stabgeländern in hellgrün geschützt.
Die Kompaktheit des Hauses basiert auf der überwiegend einheitlich gehaltenen Gesamthöhe und vor allem auf der gleichförmigen Wandgestaltung: Auf einem glatten Erdgeschoss mit segmentbogigen Schaufenstern, dem „Sockel", ruhen die fünfgeschossigen Fensternischen, die rundbogig abschließen. Das Nischenmotiv stammt von den norddeutschen Treppengiebelhäusern des 16. Jhs., die den älteren spitzbogigen Typ in rund wiederholen. Vor den achsenteilenden, nischenbildenden Pfeilern stehen übereck gestellte „Dienste", die offenkundig dem gotischen Rathaus von Hannover (15. Jh.) nachempfunden wurden. Während sie in Hannover durch schichtweise glasierte und unglasierte Backsteine gestreift erscheinen, gliedert Höger seine „Dienste", indem er die Stellung der Backsteine jeder 7. Lage ändert und so die Komposition lebendiger macht. Diese „Dienste" wurden vom Bauherrn zur Steigerung der Gesamtwirkung ausdrücklich genehmigt. Sie erzeugen erstklassige Perspektiven.
Alles in allem hatte Höger ursprünglich jedoch weniger „Gotik" im Sinne, wie sein Vorentwurf zur Arkadengestaltung am Burchardplatz links und rechts der Durchfahrt Fischertwiete zeigt: Dort plante er altanartige Lauben mit rundbogigen Arkadenstellungen und Halbsäulen. Zur Ausführung kam erfreulicherweise die von Richard Kuöhl vorgeschlagene Gestalt, die gotisierende Lauben favorisiert. Der flache Tudorbogen der überbrückten Fischertwiete entspricht einem Sonderwunsch des Bauherren – dort sind die verbleibenden Mauerflächen mit einer außergewöhnlich reichen Reliefierung

oben rechts: Chilehaus, Wandflucht

Mitte rechts: Chilehaus, Detail der Wandtextur

unten links: Hannover, Altes Rathaus, Westgiebel (ursprünglich vor 1453), Detail

unten rechts: Chilehaus, Burchardplatz, Lauben

Chilehaus, obere Partien

versehen, die Högers Ruf als „Klinkersticker" rechtfertigen (S. 99 Mitte rechts).

Die Architektur des Chilehauses kann als eine in hohem Maße emotional geladene gelten. Dennoch wirkt sie so extrem diszipliniert, dass sich die Emotionen nur im Rahmen einer von der Geometrie diktierten Strenge zeigen und so ihre Würde bewahren. Die hohe Spannung des Gebäudes beruht nicht zuletzt auf dem Kontrast zwischen einem stark von Pfeilern und Diensten getragenen Vertikalismus und der Breitlagerung der Baumasse auf immerhin 480 m Fassadenbreite. Die dunklen Klinker tun dabei das Ihre. Die weißen Sprossenfenster, nicht weniger als 2500 an der Zahl, spielen eine wesentliche Rolle in der Gesamtwirkung.

Chilehaus, Treppenhaus

Der Natur eines Kontorhauses gemäß, ist das Innere des Chilehauses nirgendwo spektakulär. Auch auf prätentiöse Eingangshallen wurde verzichtet – eine Antwort auf den in dieser Hinsicht besonders ausladenden Historismus (man denke an die Halle des Hindenburghauses, Großer Burstah

31, die 1910 fertiggestellt worden war). Die Eingänge zu den Blöcken A und B wurden jeweils mit glasierten bzw. unglasierten Backsteinen verkleidet, beide jedoch in gestreifter Rustika-Reliefierung ausgeführt. Die halbrunden Treppengehäuse enthalten keine abgerundeten Treppen. Sie wurden als gerade, zweiläufige Treppenanlagen mit je drei Armen und einem Wendepodest angelegt und sind teilweise verkachelt. Die zwischengeschossigen Wendepodeste fielen entsprechend hemizyklisch aus. Sie sind reichlich befenstert mit Ausblick auf die Innenhöfe, von denen sich der östliche dramatisch verjüngt.

Das Chilehaus ist mit seinem 36 000 qm Geschossfläche nicht nur eines der größten je errichteten Kontorhäuser, es ist nicht nur der bekannteste Bau Hamburgs, sondern auch der international wichtigste Vertreter des sogenannten Expressionismus. Das Chilehaus hat nicht nur den Bomben des Zweiten Weltkriegs, sondern auch seinen schärfsten Kritikern standgehalten, die keinen Schatten auf diese Spitzenleistung der Weltarchitektur zu werfen vermochten.

Danske Hus (Meßberg 4)

Freistehend erhebt sich das 1993 fertiggestellte Gebäude in unmittelbarer Nähe des Chilehauses. Dankenswerterweise wurde der Bau mit Torfbrandklinkern verkleidet, um sich so besser an die hervorragende bauliche Nachbarschaft anzupassen. Obwohl der Grundriss tropfenförmig mit nordwestlichem Spitzwinkel angelegt ist, lebt diese Architektur von der „postmodernen" Idee der Verbindung zwischen Zylinder und Würfel. Die Ost- und Südansicht suggerieren einen siebengeschossigen Kubus, der so aussieht, als ob er in einen sechsgeschossigen Tambour eingekerbt worden wäre. Verantwortlich für diesen Entwurf ist das Architektenteam Kleffel, Köhnholdt und Grundermann.

Doppel XX (Heidenkampsweg 56–58)

Das außergewöhnliche Gebäude ist ein „Haus im Haus", bestehend aus einem inneren Haus auf einem XX-förmigen Grundriss, das von einer Glas-

oben: Doppel XX, Grundriss

links: Danske Hus

Doppel XX

hülle – dem äußeren großen Gebäudekubus – umgeben ist. Die „freien" Flächen innerhalb des äußeren Körpers wurden als begrünte Wintergärten angelegt. Sie dienen zusammen mit der gebäudehohen Klimahalle im Winter als Wärmepuffer und im Sommer zur Temperaturregulierung.

Haus der Seefahrt (Deichstraße 51)

Das Gebäude wurde 1909/10 von den Architekten Edgar Foßhag und Georg Schlepps als einer der letzten Jugendstil-Bauten Hamburgs errichtet. Die eng gestellte Pfeilerreihe verrät die voll entwickelte Kontorhaus-Gestaltung: „Im Abstand eines normalen Büroarbeitsplatzes konnten so von innen die Teilungswände angeschlossen werden. Rationalität und Flexibilität der Nutzung und Konstruktion werden endgültig zum Hauptmotiv des Kontorhausbaus" (Hermann Hipp). Die schöne dreiteilige Fassade unter dem Mansarddach flößt Respekt ein. Der Mittelteil ist leicht konvex gewölbt, er endet im 6. Geschoss in einem Balkon. Ein Segmentgiebel, von Zwerchhäusern flankiert, betont die Mitte. Die flachen Fassadenabschnitte rechts und links zeigen im 5. Obergeschoss Segmentbögen. Vor allem dokumentiert das Haus als Kopfbau der Deichstraße den Maßstabbruch mit der älteren Architektur: Die hinter dem Haus der Seefahrt erhaltenen althamburgischen Giebelhäuser wirken durch dieses deutlich kleiner, als sie wirklich sind. Dieser Bruch war die direkte Folge der Citybildung in der alten Innenstadt.

Haus der Seefahrt

Montanhof (Kattrepel 2)

1924–26 errichteten die Architekten Hermann Distel und August Grubitz den Montanhof als großes neungeschossiges „Gelenk“ an der Kattrepelsbrücke/Niedernstraße. Das Bauvolumen ist an der stumpfwinkligen Seite, der eigentlichen Fassade mit dem Haupteingang, derart abgestuft, dass dabei der Eindruck dreier übereck gestellter Erker entsteht. In Wirklichkeit entsprechen diese der Wandflucht der Seitenflügel. Nur zu dem mittleren Erdgeschoss stehen sie schräg und werden von Konsolen überfangen. Die drei obersten Geschosse wurden gestaffelt. Am 7. Geschoss werden Strebepfeiler frei sichtbar. Sie weisen spitzbogige „Durchgänge“ auf, die die durch den Geschossrücksprung sich ergebenden Flachflächen verbinden. Eine Begehbarkeit dieser Flächen ist allerdings nicht vorgesehen. Die Simse und die Zickzack-Trauflinie sind kupferverkleidet. Das oberste Geschoss zeigt eine Reliefierung der Backsteine mit jeweils einem „X“ zwischen den Fenstern – ein Motiv der norddeutschen Backsteingotik, das für den Sprinkenhof entscheidend wurde. Das Erdgeschoss ist in Spitzbögen geöffnet, die drei mittleren sind sehr breit und stumpf. Zwei expressionistische Statuen am 7. Geschoss existieren heute nicht mehr.

Montanhof

Predigerhaus (ehemaliges Haus Glass, Bergstraße 7)

Das Haus auf rhomboidem Grundriss gegenüber der Petrikirche ist ein vorzügliches Frühwerk von Fritz Höger aus dem Jahre 1911. Der stumpfe Straßenwinkel Mönckeberg-/Bergstraße wurde meisterlich für die Platzierung eines Sandsteinerkers genutzt, der mit dem rohen Backstein der oberen Geschosse kontrastiert. Der Erker trägt einen Balkon mit Balustersäulchen, der im ersten Entwurf nicht vor-

Predigerhaus/Haus Glass

gesehen war und eine wohltuende Änderung des ursprünglichen Projekts darstellt. Die Brechung des Daches wurde mittig für ein Laternenfenster gewonnen. Die Formensprache ist neubarock, was u.a. am Mansarddach, den Volutengiebeln und der rahmenden Bandrustika gut auszumachen ist. Trotzt leichter Veränderungen des ursprünglichen Zustandes ist der zweigeschossige untere Bereich vollständig in Glasflächen aufgelöst – waren doch große Schaufenster für den Straßenladen vonnöten. Das Haus passt sich dadurch seiner Zeit an, ohne der ehrwürdigen Nachbarschaft Gewalt anzutun. Seine Funktion war ein Wohn- und Geschäftshaus. Das Glück solcher Häuser ist, dass sie einer einheitlichen Planung folgen und ihr Erdgeschoss nicht nachträglich Opfer einer Umfunktionierung bzw. Umgestaltung werden musste.

Slomanhaus

Slomanhaus (Steinhöft 11/17, Baumwall 3)

Das siebengeschossige Gebäude am Hafenrand neben der 1912 eröffneten Hochbahnstation Baumwall trägt den Namen der ältesten noch existierenden Reederei Deutschlands, gegründet 1793 durch den Engländer William Sloman. Sein Enkel, Henry Brarens Sloman, kam 1898 als reicher Mann aus Chile nach Hamburg zurück und gab in den 1920er Jahren das Chilehaus in Auftrag.

Das Slomanhaus wurde als Backsteinrohbau 1908–09 von Martin Haller und Hermann Geißler errichtet. Das Haus ist so groß, dass Büros an „Fremde" vermietet werden konnten. Bis auf die gestaffelte Dachzone mit einem Kupferdach, die das Ergebnis eines Umbaus nach den Kriegsschäden ist, hat sich das Haus im ursprünglichen Zustand erhalten. Es zeigt eine eklektizistische Formensprache mit beliebigen Übernahmen vom Mittel-

alter (Türmchen an der Eckrundung, Gruppierung der Fenster in vertikalen Nischen, verputzte Brüstungsblenden) und Barock (geschweifte Portalgiebel, Konsolen). Fritz Höger verantwortete einen rückwärtigen Erweiterungsbau. Im Inneren (Baumwall 3) empfängt den Besucher nach einer steinernen Treppe die holzvertäfelte Eingangshalle im Art-Déco-Stil mit zickzackumrandeten Arkadenstellungen, die von Pfeilern getragen werden, die sich nach unten verjüngen. Dieses Motiv hat Höger im Delmenhorster Krankenhaus 1926 erneut verwendet. Trotz Paternoster erinnert diese Halle vage an Dielen hamburgischer Bürgerhäuser. Der Flur am Steinhöft, Haupteingang des Hauses, ist seinerseits mit weiß und hellgrün glasierten Backsteinen in Rhomben- und Streifenmustern verblendet. Farbige Rautennetze sind im Historismus oft zu sehen und bilden eine weitere Inspirationsquelle für die texturierten Wandflächen des sogenannten Expressionismus (siehe Sprinkenhof).

Sprinkenhof (Burchardstraße 8, etc.)

Der größte Bürokomplex des Kontorhausviertels ist der Sprinkenhof. Er besteht aus einem würfelförmigen Mittelteil von 1927–28 und zwei Seitentrakten im Westen (1930–32) und Osten (1939–43). Beide mussten sich den unregelmäßigen Grundstücken anpassen und sind deshalb teilweise kurviert. Hervorzuheben ist der großartige Mittelteil, ein gemeinschaftliches Werk von Fritz Höger und den Brüdern Hans und Oskar Gerson. Die-

Sprinkenhof

links: Slomanhaus, Eingangshalle

Sprinkenhof, Detail der Fassade

Wismar, St. Nikolai, Turm, Giebel von 1487

ser Teil erhebt sich ohne Staffelung neungeschossig und erreicht in einem Zug eine Höhe von 33 m. Der Bauwürfel überbrückt den südlichen Teil der Springeltwiete, die nun zum offenen Innenhof mit zwei Einbahnstraßen wurde (S. 107). Diese dienen der Erschließung unterirdischer Parkplätze und früher kleinerer, im Sprinkenhof untergebrachter Handwerksbetriebe und nicht als eigentliche Durchfahrten zwischen Stein- und Burchardstraße.

Die Fassaden zielen auf äußerste Strenge und leben zunächst von der großflächigen Wiederholung identischer Fenster, schier unendlich in ihrer Zahl. Doch haben sich die Gersons eine Reliefierung der Flächen in Form eines Rautennetzes einfallen lassen, in das die Fenster integriert sind. Die Mitte der Rauten zwischen den Fenstern nehmen Keramikknäufe ein, die Motive wie Vogel, Hand, Segel und Rad zeigen und von Richard Kuöhl stammen sollen. Das Rautenmuster, das von Sigfried Giedion unverständlicherweise als „Sofakissen im Kreuzstichmuster" bezeichnet wurde, ist nichts weniger als eine weitere Anleihe aus der deutschen Backsteingotik: Der Südgiebel am Turm von Sankt Nikolai in Wismar aus dem Jahr 1487, der dem Orkan von 1703 im Großen und Ganzen standhielt, zeigt nicht nur das voll entwickelte Rautennetz, sondern auch runde Knöpfe mit Terrakotta-Maßwerk. Die Gersons haben dieses Vorbild bewusst oder unbewusst verschwiegen und nannten als Inspirationsquelle ferne Beispiele, die nichts mit dem Sprinkenhof zu tun haben, wie der Palazzo Ducale in Venedig oder die Casa de las Conchas in Salamanca. Es steht jedenfalls fest, dass die Gersons bereits 1921 für ein Kriegerdenkmal auf dem Ohlsdorfer Friedhof einen Wettbewerbsentwurf anfertigten, auf dem ein schräggestelltes Quadratenraster die Fläche der Denkmalfassade überspannt. Da hierfür wie für fast alle Formen expressionistischer Architektur die Quelle in der niederdeutschen Gotik zu finden ist, liegt der Gedanke nahe, dass die Baumeister diese Vorbilder verleugneten, um sich nicht eines Plagiats verdächtig zu machen. Außer der Wismarer Kirche weisen der Westgiebel der Franziskanerkirche in Berlin, mehrere ostfriesische Kirchen aus dem 13. Jh. (Pilsum, Bunde und Grimersum) und ebenso der Nordturm des Lübecker Doms reliefartige Rautennetze in Backstein auf. Als flaches Motiv adoptierte die große Ordensburg in Rehden in Ostpreußen das Rautennetz. Diese und viele andere mittelalterliche Bauten lieferten direkte Anregungen für die Terrakotta-Dekoration expressionistischer Klinkerarchitektur. Die Architekten des 20. Jh. haben bestenfalls leichte Varianten dessen geliefert, was sie vor ihrer Haustür an Kompositionen des 14. und 15. Jh. sehen konnten und haben diese Motive lediglich bei völlig anderen, modernen Bautypen angewandt.

Sprinkenhof, Inneres der Treppe

Fast imposanter als die Straßenfassaden ist die Hofarchitektur: eine „geschlossene Welt" mit gleich behandelten Wandflächen, aber hier mit buckligem Glas für die Sprossenfenster. Sehr gelungen ist der Zylinder des extrem befensterten Treppenhauses zwischen den hart einschneidenden Durchfahrten, der mit eigener Wandtextur ausgestattet ist. Hier hat wohl das Chilehaus Pate gestanden. Piergiacomo Bucciarelli findet dagegen, dass das Treppenhaus „wie ein mit Ziernägeln beschlagener Schild zum Schutz der sprichwörtlichen norddeutschen Reservierheit" aussieht. An der gegenüberliegenden Seite befindet sich ein flach ausgebildeter Stiegenschacht. Zwischen den beiden Treppengehäusen und den sie flankierenden Einbahnstraßen senkt sich eine Autorampe zur frühesten Tiefgarage der Stadt. Auch von innen ist das zylindrische Treppenhaus eindrucksvoll ausgestaltet. Treppen wurden in Kontorhäusern wenig benutzt, Aufzüge und Paternoster übernahmen ihre Funktion. Trotzdem wurden die Treppenhäuser besonders sorgfältig entworfen und ausgeführt.

Bucciarelli erkennt im Hof etwas „Energisches" und weist auf die „männliche" und „monumentale" Kunst im Sinne eines Arthur Moeller van den Bruck hin. Mag eine Assoziation zu diesem heiklen Autor plausibel sein, die Architektur des Hofes wird deshalb nicht schlechter.

Die Nutzung des Sprinkenhofs war von Anfang an gemischt: 1900 m^2 Läden, 2000 m^2 Büros, 4000 m^2 Werkstätten, 80 Garagen + 25 kostenlose Parkplätze für Lastwagen, 122 Wohnungen und 700 m^2 für Lagerräume. Nachdem die größte Wohnungsnot der 1920er Jahre vorüber war, wurde ein Teil der Wohnungen in Büros umgewandelt. Zuletzt wurde das Gebäude 2002 restauriert.

Sprinkenhof, Innenhof mit Treppenhaus

Stellahaus (Rödingsmarkt)

Das hellblau-weiß verputzte Stellahaus ist das wenig bekannte Ergebnis eines Umbaus von ursprünglich fünf auf zehn Geschosse und eine Fassadenänderung, was 1922–23 die Architekten Christian Zauleck und Franz Hormann verantworteten. Dabei wurde erstmalig ein flaches Dach für die Staffelgeschosse von der Baubehörde akzeptiert. Gestaffelte Obergeschosse erschienen in Hamburg ein Jahr früher beim Thaliahof – allerdings dort mit Eselsrückendach. Die Veränderungen zeigen samt der maritim bezogenen

Stellahaus

Bei den Mühren 91

Reliefs, dem „Stella-Putto", den Segelschiffen und manchem Fenstergiebel keinen Expressionismus, sondern pures Art Déco. Damit ist der Bau ein unmittelbarer Vorläufer des insgesamt ganz anders gearteten Chilehauses. Die ästhetisch gesehen nicht ganz unproblematische Art der Aufstockung wirkt bis heute wie ein Nachkriegsprovisorium, obwohl sie 1923 aus einem Guss entstand und danach weder verändert noch zerstört wurde. Allein die Fenster sind heute keine Sprossenfenster mehr. Als Vorläufer kann das um 1910 errichtete Gebäude Bei den Mühren 91 (nahe der Katharinenkirche) angesehen werden, das gleichfalls einen turmartigen Umriss mit Eckabschrägung und Fensterbändern, die von Lisenen getrennt werden, besitzt.

Thaliahof (Alstertor/Kleine Rosenstraße, Rabiosen)

Hans und Oskar Gerson errichteten den Thaliahof in den Jahren 1921–22 als Stahlbetonbau mit Klinkerhaut. Hier richteten die Brüder sogar ihr eigenes Architekturbüro ein.
Das Gebäude hat zwei freistehende Seiten, die durch Strebepfeiler vertikal gegliedert werden. Diese sind übereck gestellt, so dass sie bis auf den Eckpfeiler mit der Kante nach vorn stehen. Die kantige Ästhetik – ein Rückgriff auf die deutsche Spätgotik – wird durch die ebenfalls spornartige Stellung zweier Erker an der rechten Fassade unterstrichen, welche die ganze Fünfgeschossigkeit beanspruchen. Darüber befinden sich noch zwei Staffelgeschosse. Das oberste verfügt über einen Balkon und wird von einem Eselsrückendach gedeckt. Die spitzbogige Dachform wurde vielfach kurz

vor und während des Expressionismus angewandt. Die wichtigsten Beispiele sind die Fischhalle in Kiel und die Ausstellungshalle in Lübeck, die vor bzw. nach dem Thaliahof gebaut wurden.

Der vertikale Elan des Hauses wird durch breite Fensterbänder etwas gebremst, was heute dadurch stärker wirkt, weil die Fenster leider ihre dunkle Umrahmung verloren haben und nur noch einheitlich weiß sind. Ein Meisterwerk für sich sind die weiß gestrichenen, stark geometrisierten Schaufensterrahmen in profilierter Holzkonstruktion, die aus der Wandflucht vorkragen und zum Teil auch als Türen dienen.

Leider ist bei einem Umbau des Inneren in den 1970er Jahren die ursprüngliche Spindeltreppe verloren gegangen.

Zur Erinnerung an den alten Pferdemarkt (heute Gerhart-Hauptmann-Platz) befindet sich an dem zum Platz hin ausgerichteten Eckstrebepfeiler eine Pferdeplastik von Ludwig Kunstmann.

Thaliahof

Thaliahof, Pferd

Versmannhaus (Mönckebergstraße 31)

Es wurde unter Beteiligung Fritz Schumachers 1910–12 von Rambatz und Jollasse als repräsentativer langgestreckter Baukörper an der Einmündung

Versmannhaus

Wrangelhaus

der Mönckebergstraße in den Rathausplatz errichtet. Das Gebäude überbrückt die Knochenhauertwiete mit Hilfe eines weiten Korbbogens. Auf den Namen dieser Durchfahrt beziehen sich

Wrangelhaus, Detail eines Erkers

die Plastiken links und rechts vom Bogen. Die feine Vertikalgliederung mit ihren teilweise in der Stärke variierenden Pfostenpfeilern, die so die Achsen untergruppieren, ist Kontor- und Warenhäusern eigen. Das Mansarddach wies ursprünglich zahlreiche Zwerchhäuser auf, die im Krieg größtenteils beschädigt oder zerstört wurden. In der Achse über der Durchfahrt ist ein solches noch erhalten: Es zeigt dem Stil der Renaissance nachempfundene Formen. Die vielen Giebel wurden vom benachbarten Rathaus angeregt. Seinerseits diente das Versmannhaus als Richtbau für die Bebauung des Rathausplatzes. Im Gebäude waren ursprünglich das große Stadt-Café, ein Restaurant und ein Billardsaal untergebracht, im übrigen Teil Kontore. Das Haus ist auf einer Pfahlrammung gegründet. Keller und Unterkeller sind in Beton-, die weiteren Geschosse in Eisenkonstruktion ausgeführt. Die Fassaden zum Rathausmarkt sind mit Cottaer Sandstein verblendet, die zur Knochenhauertwiete mit Leucittuff.

Wrangelhaus (Jungfernstieg 49)

Das sechsgeschossige Haus wurde 1913–14 von Albert Lindhorst errichtet. Die drei mittleren Geschosse sind als Fensterbänder zwischen zwei polygonal gebrochenen Seitenerkern ausgestaltet, wobei die Erker praktisch in das jeweilige Fensterband integriert sind. Dieses Motiv wird überspannt von einem eigenen Kupferdach. Die Einheit von Erkern und Mittelteil wird zusätzlich dadurch unterstrichen, dass die Backsteine dort nicht im Mauerverband, sondern als flache, dekorative Wandverkleidung erscheinen. Die alten Inschrift-

tafeln in Ton mit goldenen Lettern – „Wrangelhaus" und „C. Mackprang jr." – haben sich gut erhalten. Letzteres Unternehmen (Spezialist für Getreide und Futtermittel) wurde 1878 in Flensburg gegründet und ist seit 1921 in Hamburg in diesem Hause ansässig.
Besonders auffällig ist die schöne, dekorative, hellgrün gefasste Erkerplastik, die einer Märchenthematik zu entsprechen scheint. Trotz der frühen Entstehung ist diese Plastik ein echter Vorbote des expressiven Art Déco der 1920er Jahre, der in Hamburg so viele vorzügliche Beispiele hinterlassen hat. Überhaupt ist dieses Haus seiner Zeit voraus: Der hier spürbare Sinn für eine spielerisch-gekonnte Ornamentik hat den Historismus des 19. Jh. weit hinter sich gelassen. Die Stilisierung der Figuren gehört bereits zur Moderne.

Zürichhaus (Domstraße 17–21)

Das 1992 errichtete Haus gehört zur Generation neuer Kontore der 1990er Jahre mit frei einteilbaren Zellenbüros. Es wurde von den Architekten Gerkan, Marg + Partner errichtet. Die Ecksituation markiert ein schmaler Rundturm, der teilweise von einem gekurvten gläsernen Gehäuse umhüllt ist. Durch diesen Kunstgriff bleibt der Turm in seinem ganzen Schaft sichtbar und markiert so prägnant die verkehrstechnisch wichtige Gabelung der Ost-West- und Domstraße. Der Komplex dreier parallel stehender Prismen mit rechtwinkliger Rückverbindung organisiert sich um zwei große, durch Glasfassaden geschlossene und von flachen Glasdächern überwölbte Höfe, in denen zu allen Jahreszeiten eine südländische Vegetation grünt. Raumhohe Glastüren dieser „Atrien" vor flachen „französischen" Balkons sorgen für eine natürliche Belüftung.

Zürichhaus

SONSTIGE BÜRO- UND GESCHÄFTSHÄUSER

Axel-Springer-Verlag (Axel-Springer-Platz)

Schon vor 1950 kaufte der Verlag im Gebiet des heutigen Axel-Springer-Platzes, in der Gabelung zwischen Kaiser-Wilhelm-Straße und Fuhlentwiete ein Areal. Es grenzt im Westen unmittelbar an die heimatlichen Wohnblocks des Rademachergangs, die von den Neubauten ab 1950 regelrecht missachtet werden: Vom Rademachergang kommend, wird man förmlich in die völlig andere Welt der internationalen Moderne geschleudert. Welche der beiden sich nicht vertragenden Architektur-Parteien am stärksten ideologisch durchtränkt ist, mag der Betrachter für sich entscheiden. Entstanden ist zunächst die Druckerei an der Fuhlentwiete, dann 1953 das 14-stöckige Hochhaus von Ferdinand Streb. Es steht als Stahlbetonskelett auf trapezförmigem Grundriss. Die schmale Stirnseite ist in Nirostarahmen völlig verglast, während die Flankenseiten ein Betonraster aufweisen, dessen Brüstungen mit Marmorspaltriemchen hinterlegt sind. Die Front wird von sich nach unten verjüngenden Pfeilern hoch aufgeständert und bildet ein zweigeschossiges offenes Atrium für den verglasten Eingangsbereich.

Das Haus ist weit mehr als nur ein Denkmal der Baukultur. Es handelt sich vielmehr um ein Markenzeichen der Entwicklung der Nachkriegsgesellschaft: Hier wohnte die Meinungsmacht der neuen Bundesrepublik Deutschland. Gestalterisch knüpft das Hochhaus an die Bauweise der 1920er Jahre an, beispielsweise an den Tagblatt-Turm von Otto Oßwald in Stuttgart.

Axel-Springer-Verlag

Berliner Bogen (Anckelmannsplatz 1)

Die Architekten BRT (Bothe/Richter/Teherani) sangen 2001 mit diesem scheinbar nur aus einer parabolischen Tonne bestehenden Gebäude ihr Hohes Lied der Glasarchitektur. Die 140 m lange Konstruktion hängt an 36 m hohen Stahlbögen. Die Konstruktion wird offen dargelegt. Der eindrucksvolle, monumentale Bau zelebriert internationale Hochtechnologie und bildet eine gelungene Verbindung aus seinen Vorbildern: den großen Glashallenbauten der Hamburger gmp Architekten Meinhard von Gerkan,

Marg & Partner (z. B. Berlin Hauptbahnhof, Leipziger Messe) und dem Ludwig-Erhard-Haus, d. h. der Berliner Börse, die 1994–98 durch die Architekten Nicholas Grimshaw & Partners aus London gleichfalls mit stählernen, U-förmigen Gurtbögen, die das Grundgerüst des Bauwerks bilden, errichtet wurde. Der Neubau setzt einen neuen städtebaulichen Akzent.

Bieberhaus (Hachmannplatz/Ernst-Merck-Str. 9)

Das sechsgeschossige, als Stahlbetonskelett errichtete Haus auf trapezförmigem Grundriss entstand 1908–10 als Werk der Architekten Johann Gottlieb Rambatz und Wilhelm Jollasse. Es wird vermutet, dass das Gebäude ursprünglich als Hotel geplant war, da die Treppen ungewöhnlich weiträumig ausge-

Berliner Bogen

links: Bieberhaus

Bieberhaus, Adler am Dach zur Kirchenallee

fallen sind. Plausibel ist diese Funktion wegen der Lage des Gebäudes direkt am 1906 fertiggestellten Hauptbahnhof. Von außen imponiert das frei stehende Werk durch seine Masse, die eine kluge „Gerüst-Gliederung" zeigt: Die Fassade zum Bahnhof ist zehnachsig und in einer Art Kolossalordnung gegliedert. Der Mittelrisalit weist ebenso wie die beiden seitlichen Übergangsachsen Vierfenstergruppen pro Achse auf. Mit Ausnahme der schmalen Ecklösung sind die Außenachsen mit jeweils Sechsfenstergruppen breiter. In der Horizontalen sind Erd- und 1. Obergeschoss als Sockel behandelt, der sechste Stock ist schon Bestandteil der Dachzone, die als Mansarde mit Vorsprüngen gestaltet und mit dunkelbraunen Falzziegeln gedeckt wurde. Hervorzuheben sind von der reichen Bauplastik die Adlergestalten zur Kirchenallee und die Reliefs von vier Knaben am oberen Mittelrisalit. Weitere fast vollrunde Figuren schmücken das Erdgeschoss des Hauses an verschiedenen Stellen (Anspielungen an Adam und Eva). Eines dieser Figurenpaare flankiert den ehemaligen Eingang zum City-Theater (Kinematographentheater). Im Erd- und Obererdgeschoss befanden sich ursprünglich auch das Bieber-Café mit Billardsaal, zwei Restaurants und mehrere Läden.

Die Art der Fassade und die Präsenz von Paternostern im Inneren hat das Gebäude mit zeitgleichen Kontorhäusern gemeinsam.

Zwei Jahre zuvor hatten dieselben Architekten zusammen mit Erich Elingius bereits den benachbarten Wallhof (Glockengießerwall 3–4) errichtet.

BTC Berliner Tor Center

BTC Berliner Tor Center (Beim Strohhause 31, St. Georg)

Nach sechs Jahren Bauarbeit (1998–2004) war der große Komplex mit seinen 24 Stockwerk hohen „Hochhausscheiben" fertiggestellt, die aus 7-geschossigen Podestgebäuden emporsteigen. Den Entwurf zum Berliner Tor Center schuf Jan Störmer. Als Merkmal der vollständig verglasten Flächen fungieren farbige Horizontalstreifen in

Gruner + Jahr-Verlagshaus

emailliertem Glas, je nach Seite in rot, gelb oder blau, was der Orientierung zu Hilfe kommt. Trotz Formqualität und differenzierter Nutzung für Arbeit, Wohnen und Gewerbe herrscht bei derartigen Monumentalbauten großstädtische Ungemütlichkeit, die dem ganzen Areal „Berliner Tor" eigen ist und nicht einmal von dem 1927 errichteten Hochhaus von Fritz Höger oder der Feuerwache von Fritz Schumacher aus dem Jahre 1914, die die Bombardierung dieses Viertels im Sommer 1943 beschädigt überdauert haben, gemildert wird.

Der „Büroring" des östlichen Komplexes bietet parterre Raum für die öffentliche Nutzung, da er über sieben Meter hohen Pfählen steht – ein alter Kunstgriff der Klassischen Moderne der 1930er Jahre.

Gruner + Jahr-Verlagshaus (Baumwall 11)

Die Münchener Architekten Steidle + Partner haben 1990 am Hafenrand für den Verlag und die Druckerei Gruner + Jahr eine ganze „Pressestadt" errichtet, bei der zahlreiche maritime Zitate wie Kräne, Schiffe, Planken, Ochsenaugen und Brücken gewünscht waren. Der metallene, zinkverkleidete Komplex zeigt unter anderem vier langzeilige Parallelkörper auf gespreizten Beinen, schräg gestellten Bockstützen, die auch noch heute futuristisch-maschinell anmuten. Am Bau wurden schlanke Profile montiert, die für Lichtschutz sorgen, indem bei Sonne automatisch „Segel" gesetzt werden. Die Bockstützen stecken in „Backsteinpantoffeln" (Dirk Meyhöfer). Im Komplex

Deichtorhaus

finden sich auch ein 40 m hoher Konferenzturm und ein Dreiecksbau Der zweite Bauabschnitt ist auf der gegenüberliegenden Straßenseite zu sehen (Halbmondhaus).

Deichtorhaus (Oberbaumbrücke/Ost-West-Straße 1)

Das Deichtorhaus wurde 2000–02 von dem Architekturbüro BRT (Bothe, Richter, Teherani) erbaut. Es handelt sich um ein sehr ausgedehntes zehngeschossiges gläsernes Bürohaus auf dreieckigem Grundriss mit Spitzwinkeln im Osten und Westen. Das Gebäude beeindruckt durch seine filigrane gläserne Präsenz, wenngleich es in seinen Frontalansichten zu groß geraten ist. Wenn man mit der Bahn vom Süden in die Stadt einfährt, versperrt es heute den schönen Blick auf das Kontorhausviertel. Das Haus ist mit allen High-Tech-Raffinessen ausgestattet und somit wesentlich komplexer als die Bauten der Nachbarschaft. Es soll einmal das „Gelenk" zwischen der historischen und zukünftigen Stadt werden.

Deichtorhaus

unten links: Pinnasberg 45

unten rechts: Pinnasberg 47

Dock 47 (Pinnasberg 47, Altona)

2003–04 wurde Dock 47 von den Architekten Spengler-Wiescholek als Bürohaus gebaut. Der freistehende Bau sticht durch seine Verkleidung in Glas mit Einsatz zahlreicher rot emaillierter, unsymmetrisch angeordneter Scheiben ins Auge. Der würfelförmige Hauptbau wirkt rechts und unten durch die aus der Vertikalen und der Horizontalen geratenen Randlinien verzerrt und unruhig – ebenso unruhig ist die Spiegelung der Wolken auf der symmetrielosen Fassadenkomposition. Solange sie nicht vom Farbspiel des Himmels

verwischt wird, ist die rote Farbigkeit ansprechend und hilft dem Gebäude, sich am breiten und verkehrsreichen Pepermölenbek zu behaupten.
Ähnlich verhält es sich mit dem Nachbarbau Pinnasberg 45, bei dem die scheckige hellgrüne Emaillierung der Glasscheiben fasziniert. Durch die regelmäßige Anordnung der Fenster wirkt er jedoch ruhiger.

Dockland (Van-der-Smissen Straße 9. Altona)

Das spektakuläre fünfgeschossige Bürohaus von 2005, dessen Form einer großen Motorjacht ähnelt, erhebt sich auf einer eigens dafür aufgeschütteten Wasseroberfläche in Form eines Parallelogramms. Infolge des von Ost nach West kippenden Bauvolumens ragt dieses wie ein Schiffsbug ca. 40 m frei über die Elbe. Den Architekten Bothe/Richter/Teherani gelang hier zweifelsohne eine Leistung der ganz besonderen Art. Mit 6 000 m^2 Nutzfläche liegt der frei zugängliche Neubau zwischen dem Fischereihafen und dem ehemaligen Terminal der Englandfahrer. Die über Freitreppen oder die zwei gläsernen Aufzüge erreichbare Aussichtsfläche bietet großartige

Dockland

Ausblicke über Fluss und Hafen. Das „Dockland" belegt, dass hohe technische Leistung durchaus mit überzeugendem und zur Umgebung passendem Architekturdesign in Einklang zu bringen ist.

Elbberg Campus (Elbberg 6–10, Altona)

2001–03 von dem Architekturbüro BRT (Bothe, Richter, Teherani) gebaut, erweitert das Ensemble aus Wohn- und Arbeitsbauten, Terrassen, Treppen und Spazierwegen den sogenannten „Altonaer Balkon" bis zum Hafen. Die Front des futuristisch anmutenden Bürogebäudes an der Elbbergstraße gleicht einem gigantischen kräftig und hell umrahmten seitenverkehrten „G", dessen Buchstabenfläche von metallenen Lamellen ausgefüllt wird, als habe man das gedachte „G" wie auf einem Papier schraffiert. Lediglich das umarmte Mittelstück zeigt freie gläserne Flächen.

Landeinwärts von dem beschriebenen Bürogebäude ordnen sich an der Ge-

Hapag-Hauptverwaltung (Text S. 120)

estkante niedrige Reihenbauten. Ihre ineinander übergehenden Dach- und Rückflächen sind mit vorpatinierten Kupferplatten belegt und lassen diese Bauten wie „gepanzerte Käfige" erscheinen. Für die Nordbefensterung auf der Rückseite wirkt der „Panzer" wie vertikal aufgeschnitten. Die Vorderseiten sind dagegen als Glasflächen ausgelegt, dabei kamen auch Holzlamellen zum Einsatz.
Die architektonische Aufgabe wurde hier mit ganz anderen gestalterischen Mitteln gelöst als bei dem unmittelbar benachbarten Loftbürohaus, wenn man von den kupfernen Rückseiten beider Werke absieht.
Iris van Hülst weist auf die bewusste Assoziation des Ensembles mit dem Blankeneser „Treppenviertel" hin.

Halbmondhaus (Stubbenhuk 3–9, Altona)

Das Gebäude ist Bestandteil der neuen „Verlagsstadt Gruner + Jahr" und entstand im Jahre 1993. Es steht zwischen Stubbenhuk und Herrengrabenfleet als sichelförmiger zehngeschossiger Kopfbau an der Mündung des Fleets in die Elbe. Im Komplex ist das Haus „Plath" von 1916 vorsichtig integriert. Die Architektur basiert auf dem Wechselspiel von Transparenz (Glas) und Masse (Backstein), wobei erstere an die traditionelle Vertikalstreifung der 1950er Jahre erinnert. Die

Halbmondhaus

Gebäudespitze wird von drei weißen Pfählen getragen. Die Fleetrandbebauung berücksichtigt die doppelte Nutzung als Büros und Wohnungen, da die südliche Hamburger Neustadt überwiegend dem Wohnen vorbehalten bleiben soll.

Hapag-Hauptverwaltung (Ballindamm 25)

Fritz Höger erweiterte in neunjähriger Arbeit 1912–21 den Neorenaissance-Palazzo von Martin Haller (1900–03) auf das Doppelte und gab ihm eine neue, mit Muschelkalk verkleidete Fassade (Abb. S. 119). Für den Stahlbetonskelettbau legte Höger zwei Fassadenentwürfe vor, beide mit einem Mittelturm, der nicht ausgeführt wurde. Vor allem der Entwurf mit quadratischem satteldachgedecktem Turm sah recht „nordisch" aus, was dem Bauherren Albert Ballin (Generaldirektor der HAPAG = Hamburg-Amerikanische Packetfahrt-Actien-Gesellschaft) missfiel. Der noch relativ junge Höger, der noch nicht berühmt genug war, musste sich den Forderungen Ballins beugen: Er schuf einen neuen Palazzo im ionischen Stil. Er ist mit einem Hexastylos als Mittelrisalit und einer Seitenflügelgliederung durch flache Pilaster ausgestattet, alles in einer dreigeschossigen Kolossalordnung. Somit gehört die Fassade in die Reihe klassizistisch geprägter Neubarockbauten, wie sie zu dieser Zeit international beliebt waren. Dementsprechend funktionierten die neoklassizistischen Formen des Hapaggebäudes als eine Art „Bürgschaft" für die Respektabilität des Unternehmens, das sich neutral-international präsentieren wollte. „Hamburgisch" wirkt jedoch das kupferne Walmdach. Es fügt den Bau in eine Dachlandschaft ein, die nicht gesichtslos ist, sondern Lokalkolorit aufrechterhält. Und nicht zu vergessen: Ohnehin hätte an der Alster ein backsteinverkleideter Bau eher als Fremdkörper gewirkt. Aus Rücksicht auf das Alsterpanorama verzichtet das Haus auch auf jeglichen Turmaufbau, der zur ionischen Säulenordnung ohnehin mehr schlecht als recht gepasst hätte.

oben: Haus der DHV, Tonplastik eines „Großstädters" und Elefant

Haus der DHV (später Haus der DAG, ehem. Karl-Muck-Platz 1, heute Johannes-Brahms-Platz 1)

Seit der Jahrhundertwende entstand an dieser Stelle das Verbandshaus des Deutschnationalen Handlungsgehilfenverbandes (DHV). Die in den 1920er Jahren erneuerte Architektur ummantelt teilweise den älteren historistischen Kernbau, ohne die konservativ-reaktionäre Ideologie seiner nationalistisch und antisemitisch gesinnten Erbauer widerzuspiegeln. In den Jahren 1929–31 wurden der querrechteckige vielachsige Trakt zum Johannes-Brahms-Platz und das 14-stöckige turmartige Hochhaus zum Holstenwall durch die Architekten Schopp & Vortmann erbaut. Beide Teile unterscheiden sich in der Außengliederung gänzlich: eine dichte Pfeilerreihe artikuliert die Breitfront in der Vertikale, während das eigentliche Hochhaus mit horizontalen Fensterbändern gestaltet wurde. Diese Richtungsänderung wird von den übereinander platzieren Jünglingen markiert, die bereits zum turmartigen Trakt gehören. Bei diesem fehlt das laubenartige Erdgeschoss und die gestaffelten Obergeschosse, die für die Breitfront kennzeichnend sind. Mit seiner Höhe von 52 m überragt der Bau alle Kontorhäuser seiner Zeit. Am Pilatuspool ist das Gebäude zehn- bis achtstöckig. „Die Ausmaße des Gebäudes machen

die zunehmende Bedeutung der Angestellten in den Büros und Verwaltungen der zwanziger Jahre deutlich" (Rainer Stommer). Die resolute Komposition und die Wucht der Baumasse mögen Ausdruck der „Männlichkeit" dieses Gebäudes sein, die durch die nackten Jungen am Holstenwall noch unterstrichen wird. Allerdings ist die Architektur im Unterschied zum Expressionismus nicht gefühlsgeladen und die Jünglinge nicht „heroisch", sondern Teil einer spielerischen und nicht ohne Humor erdachten Komposition. Das Motiv der sechs übereinanderstehenden Bronzestatuen ist außerordentlich gut gelungen. Sieht man sie im Profil, wird deutlich, wie knapp sie zwischen den vorkragenden Tragebalken stehen. Der zweite Mann von unten steht in tänzerischer Pose mit dem linken Bein auf einer Kugel und überspielt damit die dort einmalig vorhandene größere Geschosshöhe. Martialisch wirken die an den Hausekken zum Platz aufgerichteten Entblößten, die auch im Maßstab monumentaler ausfielen. Zuletzt überrascht die Passanten am Pilatuspool ein großer Elefant mit ebenfalls nacktem Reiter, ein Sujet, dem man mehr mit Witz als mit Furcht begegnet. Ob er wirklich weltimperialistische Absichten zum Ausdruck bringt, sei dahingestellt. Es liegt wohl an der Dämonisierung des

Haus der DHV, Fassade und Detail mit Jünglingen

links: Haus der DHV, zweiter Jüngling von unten

Hulbehaus

Hauses wegen seiner braunen Vergangenheit, die dazu geführt hat, diese Motive nicht entspannter interpretieren zu können. Als Ironie der Geschichte sei erwähnt, dass der Schöpfer dieser Plastiken, der Bildhauer Karl Opfermann, selbst in die Ungunst der Nazis fiel, die 1937 seine Werke in der Hamburger Kunsthalle beschlagnahmten! Außer den in Bronze gegossenen Skulpturen weist das DHV-Haus Tonplastiken auf, die Ludwig Kunstmann anfertigte. Es handelt sich um norddeutsche bzw. hansische Wappen. Besonders reizvoll ist die Figur eines Großstädters mit Hut und Mantel, der in der Rechten ein Buch hält.

Eigentlich hätte das DHV-Haus ganz anders aussehen sollen. Im Staatsarchiv Hamburg hat sich ein perspektivischer Entwurf von Sckopp & Vortmann erhalten: Er zeigt ein gewaltiges Doppelhochhaus in expressionistischem Pathos, das den Holstenwall überbrücken sollte. Nichts von diesem Entwurf ist Realität geworden.

Hulbehaus (Mönckebergstr. 21)

Das Hulbehaus sieht auf den ersten Blick wie ein historisches Großbürgerhaus der niederdeutschen Spätrenaissance aus, ist aber als Sitz des in Hamburg führenden Einrichtungs- und Kunstgewerbehauses Georg Hulbe erst 1910–11 gebaut worden. Architekt war Henry Grell, der sich in Hamburg mit unterschiedlichsten Aufgaben – Schule, Krankenhaus, Kontor, Fabrik – einen Namen machte. Für die City ist das an der Apsis der Petrikirche stehende, in Klinkern ausgeführte Hulbehaus ein Glücksfall: Es stellt eine Unterbrechung der hohen Kontor- und Warenhäuser dar und überlässt der Kirche die Vorherrschaft im Ablauf der Straße, wie es einmal treffend beschrieben wurde.

Durch den Verlust von vier Häusern an der Rathausstraße und „Bei der Petrikirche" wurde die Rückseite des freistehendes Hauses ungehindert sichtbar. Sie ist die schlichtere, jedoch auch sehr akkurat ausgeführte Seite mit einem Treppengiebel, dessen Voluten wie viele weitere Details in Werkstein ausgeführt wurden. An der Westseite befindet sich der halbzylindrische Treppenturm, der in einem Oktogonalaufbau mit Dachhaube endet. Gemäß der alten Tradition folgen die Fenster des Treppentürmchens der Diagonale des Stufenablaufs. Ein (heute bepflanzter) Altananbau vermittelt zur

Ehem. Karstadt Konzern + Hauptverwaltung

unten: Loftbürohaus am Elbberg

Hauptfassade an der Mönckebergstraße. Diese Fassade prahlt mit einem links platzierten dreigeschossigen Schmuckerker in Werkstein. Das Erdgeschoss war größtenteils von Anfang an durch Schaufenster geöffnet. Keller, Erd- und Obererdgeschoss dienten den Zwecken des Eigners, der übrige Teil des Hauses war als Kontor vermietet.

Karstadt, ehemalige Konzern- Hauptverwaltung (heute Finanzamt, Steinstr. 10)

Das von Philipp Schäfer entworfene und 1921–24 erbaute Haus beherrscht mit seiner außerordentlich langen, mit weißem Main-Sandstein verkleideten Fassade die gesamte Steinstraße. Hervorgehoben ist der Eingangsbereich durch den Mittelrisalit mit vorgestellten Säulen. Der Stahlbetonbau zeigt einen bis aufs Minimum reduzierten Klassizismus, der an Bauten von Peter Behrens (Kleinmotorenfabrik in Berlin-Wedding oder die ehemalige Deutsche Botschaft in Sankt Petersburg) erinnert. Durch Weglassen aller historistisch ausgeformten Elemente und Reduzierung der Formensprache erreicht die ehemalige Hauptverwaltung der 1881 in Wismar gegründete „Karstadt AG" eine großartige kompositorische Kraft, die auf monumentale Klarheit und perspektivische Wirkung zielt, wie sie im Monumentalstil der nachfolgenden Jahre weiter ausgeprägt wurde. Auf sparsame modische figürliche Details – die Reliefs an den Laibungen im Eingangsbereich – wurde nicht vollständig verzichtet. Für Karstadt konnte Schäfer drei Jahre später in Hamburg-Barmbek und in Berlin am Hermannplatz Warenhäuser errichten (1927–28 bzw. –29), beide leider kriegszerstört. Diese Großstadtbauten sahen wie die Kulissen des Films „Metropolis" aus.

Loftbürohaus am Elbberg (Elbberg 1, Altona)

Das Architekturbüro BRT (Bothe, Richter, Teherani) schuf 1997 auf einem schwierigen und schmalen, nach Osten spitz zulaufenden Grundstück ein Loftbürohaus mit insgesamt

Loftbürohaus am Elbberg

3 300 m² großen, frei zu gestaltenden Räumen. Ein höherer Nutzen konnte aus dem Grundriss nicht gezogen werden. Die vorzügliche Ästhetik des in Glas aufgelösten Gebäudes ist eine meisterhafte Antwort auf die Schwierigkeiten des Grundstücks: Im Westen schließt das Haus an ein wie ein Danziger Speicherbau aussehendes Wohnhaus aus der Zeit um 1910 an und nimmt dessen Traufhöhe auf. Im Süden begegnet das Haus der Reduzierung der Grundfläche mit fünf „Wellen" erkerähnlicher Vorsprünge. Sie sind eigentlich eine einfache Abstufung des Baukörpers, sehen aber auf der Schräge der Wandflucht aus, als seien sie übereck gestellt. Diese Seite des Baus steht auf schrägen Pfählen über einem flutsicheren Unterbau. Sonnenjalousien sind perfekt in die glatten Fassaden versenkt. Die Kanten der sehr schmalen Ostseite sind wie die der Erker abgerundet, was an eine historische Flugzeugkabine erinner. Die Nordseite ist schuppenartig mit vorpatinierten Kupferplatten überzogen und wölbt sich leicht, so einen Teil des Gebäudedachs bildend.

Es entsteht der Eindruck, als ob das Architektenteam in der Freiheit historischer Fachwerkarchitektur geschult worden wäre. In den mittelalterlichen Städten Mitteleuropas wurde mit Hilfe ähnlicher Mittel (Auskragungen und Erker) auf extrem unregelmäßige oder schmale Grundstücke reagiert. Insofern stellt diese modern wirkende Architektur letztlich doch einen Rückgewinn mittelalterlicher und frühneuzeitlicher Gestaltungsprinzipien dar.

Reederei Hamburg-Süd (Verwaltungsgebäude, Willy-Brandt-Str. 59–61)

Cäsar Pinnau errichtete 1959–64 zwischen Nikolai-Fleet und Ost-West-Straße einen Komplex für die Condor-Versicherung und die Reederei Hamburg-Süd. Das 13 Geschosse hohe Haus ist derart hoch aufgeständert, dass sich ein langgestreckter Flachbau in Zweigeschossigkeit darunterschieben konnte. Die Hochhausfassaden bilden eine *curtain-wall* (Glasvorhangfassade mit durchlaufenden senkrech-

ten Aluminiumstegen), so wie sie die moderne „Klassik" der 1950er Jahre schuf, am bekanntesten am Lever-Building in New York von Skidmore, Owings und Merril. Der ästhetisch anspruchsvolle Turm stellt einen wichtigen Akzent der Nachkriegszeit zwischen den Türmen von Sankt Katharinen und Sankt Nikolai dar.

Die 1871 als Hamburg-Südamerikanische Dampfschifffahrtsgesellschaft gegründete Reederei bot bald wöchentliche Frachtfahrten nach Brasilien und Argentinien an. Heute füllt der gewaltige Container-Verkehr der modernen Transport-Logistik-Organisation den Hafen von Buenos Aires hundertfach mit dem Namen „Hamburg-Süd".

Pinnau selbst konnte 1970–74 in New York den Olympic Tower neben der St. Patrick's-Kathedrale bauen. Seine internationale Bekanntheit verdankte Pinnau nicht zuletzt seinen Arbeiten für Aristoteles Onassis, für den er Yachten und Häuser baute. Auch das berühmte Cap San Diego im Hamburger Hafen geht auf ihn zurück. Pinnaus Stilgefühl könnte man sowohl extrem gewandt als auch dilettantisch nennen. Seinen post-neuklassizistischen Traum verwirklichte er 1986 in dem Wohnhaus Baurs-Park in Hamburg-Blankenese.

Reederei Hamburg-Süd

Reichsbank

Reichsbank (heute Hypo-Vereinsbank und Bucerius-Kunstforum, Rathausmarkt 2)

Zwischen Rathaus und Alsterfleet steht das Gebäude der ehemaligen Reichsbank, das während des Ersten Weltkriegs 1914–17 errichtet wurde. Der Entwurf geht auf die Bauverwaltung der Reichsbank in Berlin zurück und stellt einen qualitativen Höhepunkt des Neoklassizismus während des frühen 20. Jhs. dar. Da sich an dieser Fassade kein Haupteingang befand, fehlt eine Betonung der Mittelachse: kein Portal, keine Öffnungen. Dieses unklassische Procedere lässt die äußerst gereifte Proportionierung unberührt, die so vornehm ist, dass sie etwa an das freilich anders geartete Petit Trianon in Versailles von 1762 denken lässt. Das Erdgeschoss mit dem heutigen Eingang zum Bucerius Kunst Forum zeigt eine Bandrustika. Darüber erheben sich zwei Obergeschosse und ein Mezzaningeschoss, die mittels einer Kolossalordnung durch Wandstreifen vertikal zusammengefasst sind. Auf dem Kranzgesims sitzt ein oberstes Geschoss, das in den mittleren vier Achsen eine Attika unter Segmentgiebel bildet und sich seitlich rückspringend in Balkone öffnet. Der Bauschmuck bezieht sich unter anderem auf das Deutsche Reich (Giebelwappen), auf Hamburg (männliche Berufspersonifikationen) und die Gebäudenutzung (Brüstungsmünzen).

Im Jahre 2002 funktionierte das Architekturbüro Jan-Störmer-Architekten die ehemalige Kassenhalle zum Ausstellungsraum für das Bucerius Kunst Forum um. Dabei wurde die alte denkmalgeschützte Architektur respektiert. Nun sind im Haupt- und Untergeschoss 700 m² für die Kultur vorhanden.

Unilever (Dammtorwall 15)

Das Gebäude wurde 1958–64 von Helmut Hentrich + Hubert Petschnigg mit E. Moser, J. Rüping und in Zusammenarbeit mit Otto Jungnickel errichtet. Das solitär stehende Hochhaus hat einen dreieckigen Kern, aus dem sich „dynamisch“ drei Flügelscheiben entwickeln, so als ob der Grundriss ein dreiteiliger Propeller wäre. Der 21 Etagen und ca. 90 m hohe Bau besitzt eine *curtain-wall-construction.* Er wurde für den Unilever-Konzern errichtet (der allerdings vor Ende des Mietvertrages 2008 auszog) und bot Arbeitsplätze für 2200 Personen. Besonderheiten sind die Hochdruckklimatisierung, die vollautomatische Sprinkleranlage und die Sicherheitstreppenhäuser, die in jeder Spitze des Kerndreiecks platziert wurden. Darüber hinaus verdienen die Aktenpaternoster und die Rohrpostanlage besondere Erwähnung. Zu bedauern sind an diesem Areal nicht nur die kriegsbedingten, sondern auch die wiederaufbaubedingten Verluste wie der des Häuserblocks, an dessen Stelle heute das Hochhaus steht. Das verwischt das traditionelle Gesicht dieses Stadtteiles gewaltig und trägt zu dessen Gesichts- und Geschichtslosigkeit bei, auch wenn der besprochene Bau unter Denkmalschutz steht. Ähnliche Bauten stehen in Nord- und Südamerika zuhauf. Kurios ist, dass das Hochhaus 1964 aufgrund eines Bürgerprotestes um zwei Stockwerke erhöht werden musste, da damals der mittige Versorgungsturm als zu markant empfunden wurde. Grundsätzlich wurden stadtgestalterische Aspekte unter Oberbaudirektor Werner Hebebrand (1952–64) „sträflich vernachlässigt“ (Ralf Lange).

Unilever

Bardowicker Speicher

rechts: Ensemble Cremon

„Bardowicker Speicher" (Deichstraße 27)

Um 1780 errichtet, ist der Bardowicker Speicher ein Glied des besterhaltenen Straßenzugs, der Deichstraße, und zugleich der älteste erhaltene Speicher der Innenstadt. Dem Verfall und Abriss entrann die Deichstraße nicht zuletzt dank des Vereins „Rettet die Deichstraße", der 1972 gegründet wurde. Der in die Tiefe entwickelte Bau – es handelt sich um einen Fleetspeicher – entspricht mit seinen mittigen Ladetüren eindeutig der Lagerhaus-Typologie. Im Übrigen teilt er mit den Bürgerhäusern seiner Zeit den straßenseitigen Volutengiebel, der am Fleet das Profil eines einfachen Mansarddachs zeigt. Dicke Aufzugbalken an Straße- und Fleetseite erinnern noch an die Zeit von vor 150 Jahren, als der Speicher noch seine Funktion erfüllte. Die Lagerböden sind durch ein Holzgerüst zweischiffig gestaltet. Die reichlich verformte Fassade zeigt heute teils Sichtbackstein, teils Putz. Der Name geht auf die Gemüsehändler aus Bardowick (nördwestlich von Lüneburg) zurück, die hier ihre Arbeit verrichteten.

Ensemble Cremon (Cremon 33–36)

Vier alte Speicher stehen hier nebeneinander, ein Überbleibsel der langen Speicherreihen, die das Bild der Fleeten Alt-Hamburgs über die Jahrhunderte hindurch prägten. Mit Ausnahme von Nr. 36 differieren die Fassaden an Straße- und Fleetseite. Der Speicher Nr. 36 wurde 1884 mit einheitlichem Fassadenentwurf von Gustav Schrader in der Hannoverschen Neugotik erbaut (im Bild rechts). Unterschiedliche Backsteine und Friese zeigen den Aufwand bei der Gestaltung des Baus. Die Aufzugsvorrichtung im Giebel wird sogar von einer geschweiften Haube geschützt. Bei Nr. 35 stammt die schmale dreiachsige Fassade erst aus dem Jahre 1897 – sie wurde von den Architekten Semper & Krutisch entworfen –, das Haus ist jedoch etwa hundert Jahre älter, wie die

wohl aus dem späten 18. Jh. stammende Fachwerkfassade am Fleet zeigt. Nr. 34 zeigt eine schlichte Fassade, die um 1800 entstand: Nur die Fleetseite weist einen Mansardengiebel auf, der den Bau als spätbarockes Werk verrät. Die rosafarbene Fassade von Nr. 33 ist 1868–69 datiert. Das Alter dieser Speicher ist jünger. Sie sind späte Nachkömmlinge einer Tradition, die sich im Laufe der Zeit relativ wenig änderte. Als Backsteinrohbauten unterscheiden sie sich jedoch von älteren Fachwerkspeichern.

Speicherstadt (Brookinsel zwischen Zollkanal, Kehrwiederspitze und Sandtorhafen, Altstadt)

Die Speicherstadt – ein großartiger Komplex von Lagerhäusern, der weltweit seinesgleichen sucht – ist ein Projekt des Oberingenieurs Andreas Meyer, der während seines Studiums in Hannover unter dem Einfluss der Hannoverschen Neugotik von Conrad Wilhelm Hase (1818–1902) stand. Er beeinflusste maßgeblich auch die City-Bildung. Wenn auch als geschlossene „Stadt in der Stadt" geplant und ausgeführt, ist die Speicherstadt doch fester und identitätsstiftender Bestandteil Hamburgs.

Ein großes zusammenhängendes Speicherviertel gab es in früheren Zeiten in Deutschland vor allem in Königsberg in Preußen. Die dort erst im Zweiten Weltkrieg zerstörten Speicher waren hohe Fachwerkbauten der vorindustriellen Zeit. Für das Hamburg der Gründerzeit kamen nur Backsteinbauten in Frage, deren Traggerüst zunächst in Eisen, später in Holz und zuletzt wieder in Eisen, jedoch in ummantelter Struktur, ausgeführt wurde. Ältere backsteinerne Speicher aus dem 16. bis 18. Jh. gab es bereits mit den Salzspeichern an der Obertrave in Lübeck.

Der Bau der Hamburger Speicherstadt wurde zwischen 1886 und 1927 in drei Phasen von West nach Ost verwirklicht und brachte mit der Schaffung eines neuen Zollkanals und neuer Fleeten eine radikale Umgestaltung des Inselareals. Davor gab es schon am Brooktorhafen den noch erhaltenen Kaispeicher B (1878–79), der südöstlich der jüngeren Anlage etwas

Speicherstadt

Speicherstadt, Block W

Speicherstadt, erstes Verwaltungsgebäude der HFLG am Sandtorkai von Hanssen & Meerwein und Stammann & Zinnow, 1888

isoliert dasteht, aber schon alle Züge der darauf folgenden Bauten trägt. Noch älter (1872) war der Kaispeicher A, dessen vorzüglicher Turm den Krieg überdauert hatte, aber 1963 bedauerlicherweise gesprengt wurde. Durch den Bau der Speicherstadt wurde die alte Topographie der südlichen Altstadt auf einen Schlag bis zur Unkenntlichkeit verändert. Es entstand ein Ensemble, dessen Eindruck als Flächendenkmal auch durch die heftigen Kriegswunden von 1943–44 nicht gebrochen wurde. Nachkriegsveränderungen sind modern gestaltete Baukörper wie beispielweise die Kaffeebörse, der Block T oder der Kaispeicher A, der in naher Zukunft zur „Elbphilharmonie" aufgebaut werden soll. Für die Behebung der Kriegszerstörungen in der Speicherstadt war Werner Kallmorgen verantwortlich. Er hat dies teils rekonstruktiv, teils vereinfachend, teils auch zeitgenössisch gemacht.

Der von Georg Thielen früh errichtete Block E (1887–88) zeigt die Grundcharakteristika der Anlage: Alle Speicher stehen zwischen Fleet und Straße, so dass sie beidseitig be- und entladen werden können. Diese Prozedur erfolgt ohne Lastenaufzüge, lediglich mit Hilfe von Winden. Sie sind unter den polygonalen Schutz-Dächlein der Zwerchhäuser leicht zu erkennen. Funktionsbedingt kragen sie leicht vor, was durch Spitzbogennischen bildende Wandvorlagen ab dem vorletzten Obergeschoss ermöglicht wird. Nischen und Zwerchhäuser betonen die Lukenachsen, dazwischen liegen jeweils zweiachsige Mauerstreifen. Auf der Abbildung sind an der Farbe des Mauerwerks die Spuren des Teilwiederaufbaus nach dem Krieg erkennbar. Die bis zu acht Böden hohen Blocks erheben sich mit ihren Backsteinwänden massig aus dem Wasser. Kupferne Dächer und rote Mauern aktivieren die Erinnerung an die große Zeit der Hanse, als die Stadt ihr Gesicht ausformte.

Besonders imposant ist die Perspektive der Blocks V und X zwischen Straße (Brooktorkai) und Holländisch-Brookfleet. Der wie eine trutzige Burg aussehende westliche Kopfbau entstand 1905–07 und ist den Architekten Hanssen und Meerwein zu verdanken. An seinen Fassaden spielen die verputzten Spitzbogenblenden eine wesentliche Rolle. Der darauffolgende Block X wurde 1909–12 von der Hamburger Freihafen-Lagerhaus-Ge-

sellschaft (HFLG) errichtet und nach Kriegsausbruch 1914 nicht fortgesetzt. Der von der „Diener Reihe" aus aufgenommene, am Wandrahmfleet stehende Block W ist etwas älter, er wurde zwischen 1899 und 1904 von Gustav Schrader errichtet. Die östliche Hälfte des Blocks ist ein Werk der HFLG und datiert erst 1927. Am gesamten Block W fallen die zur Hälfte aus der Wandflucht vortretenden sogenannten „Westphalentürme" auf: Es handelt sich um Spindeltreppen, die als Notausgänge für Brandfälle geplant wurden und lediglich von außen über Balkone zugänglich sind. Den jeweiligen Abschluss dieser „Stift"-Türmchen bilden Polygonalprismen. Der Name dieser Brandtreppen geht auf den Hamburger Branddirektor Adolph Libert Westphalen zurück.

Die in den 1920er Jahren erfolgte Verlängerung des Blocks W ist von der Kontorhausarchitektur beeinflusst, wie die „Pfeilerfassaden" mit ihren dunkleren Klinkern zeigen.

Auch der Block S wird durch die Westphalentürme gekennzeichnet. Hier sticht tatsächlich eine Welt kupferner Pyramiden und kleiner Dächer in den Himmel. Architekt war wiederum Gustav Schrader.

Zwischen Wandrahmsfleet und Holländisch-Brookfleet erhebt sich der 1902–03 von Hanssen & Meerwein erbaute Block U, dessen Kopfbau an der St. Annen 1 die Verwaltung der HFLG, heute HHLA (Hamburger Hafen- und Lagerhaus-AG) beherbergt. Zusammen mit dem Architektenteam des Blocks U entwarf Johannes Grotjan dieses als „Speicherstadt-Rathaus" bekannte Gebäude. Der Stil ist historistisch. Das in Back- und Werkstein kombinierte Mauerwerk erinnert einerseits an Holland, andererseits überwie-

Speicherstadt, Blocks V und X

Speicherstadt, Block E

gen die Elemente des deutschen Übergangsstils von der Spätgotik zur Renaissance. Insbesondere die Prachtgiebel sind Werken wie dem Gewandhaus in Zwickau (1525) nachempfunden. Nur in der Höhe berücksichtigt das Verwaltungsgebäude seine Nachbarschaft zu den anderen Bauten, sonst setzt es sich stilistisch dezidiert von der restlichen Speicherstadt ab.

Seit 2003 gehört die Speicherstadt nicht mehr zum Freihafen, sondern ist Bestandteil der Innenstadt.

links: Speicherstadt, Verwaltungsbau der HFLG (Bei St. Annen1/Holländischer Brook 4–6, 1903 von Johannes Grotjan, Hanssen & Meerwein erbaut)

unten: Speicherstadt, Block U und Block S, Detail

POSTBAUTEN

Alte Post (Poststraße 9–11)

Das Gebäude wurde von Alexis de Chateauneuf 1845–47 für die Unterbringung der vier verschiedenen „Postämter" Thurn und Taxis, Hamburg, Königreich Hannover und Königreich Schweden errichtet. Der gewählte Stil ist charakteristisch für die Zeit des Wiederaufbaus nach dem Großen Brand von 1842: ein Rundbogenstil zwischen italienischer Renaissance, Klassizismus und Romanik. Hier ist das Mauerwerk aus Hau- und Backstein unverputzt. Mag der funktionsbedingt hohe, städtebaulich relevante Turm Anregungen aus dem Brügger Belfort erhalten haben, so gehen diese bei dem überwiegend italienischen Charakter unter. Details wie das Maßwerk am Balkon des Turms sind italisierend, die maßwerkartigen Füllungen an den Turmfenstern sind klassizistisch geprägt. Einbußen des Äußeren sind der Verlust der Fenstereinteilung und der ursprünglichen Fensterläden an der Fleetfassade. Das Innere hat man 1969–71 bedauerlicherweise völlig entkernt.

Der Turm wurde zur Unterbringung eines „optischen Telegraphs" genutzt, der über eine Signalkette eine Verbindung zwischen Stadt und Elbmündung sicherte. Dadurch konnte unter anderem die Ankunft von Schiffen gemeldet werden.

Der Bau mit abnehmender Geschosshöhe ist streng kubisch gestaltet. Die

Alte Post

Öffnungen sind rundbogig, Simse durchqueren die Fassaden. Allein die Portale an der Poststraße, zwei doppelte und zwei einfache, wurden in Werkstein reich gegliedert. Die Bogenzwickel zeigen Wappen und unbeschriftete Spruchbänder.
Die Architektur der Alten Post ist ganz und gar dieselbe, wie sie Mitte des 19. Jhs. im ganzen Land Mode war. Man vergleiche etwa das Rathaus im fränkischen Fürth (1840–50, Eduard Bürklein).

Hühnerposten (Hühnerposten 1, Altstadt)

Die Anlage stammt aus 2 Bauphasen: dem Ursprungsbau von 1902–05 und dem Ausbau von 1923–27. Postbaurat Paul Schuppan errichtete zunächst eine dreigeschossige Anlage im Stil der norddeutschen, spezifisch „märkischen" Backsteingotik, die von Sattel- bzw. Walmdächern mit vielen Schleppgaupen bekrönt war. Aufwändige Giebel mit Blendmaßwerk waren der Stolz des Gebäudes. Nach dem Ersten Weltkrieg wurde der Bau zu klein, weshalb man sich für eine Aufstockung um vier weitere Etagen, die beiden obersten als Staffelgeschosse, entschied. Diese Arbeit wurde von Schmidt & Thieme ausgeführt. Der Aufstockung fielen Giebel und Dächer zum Opfer, man bemühte sich jedoch sehr um einen guten Anschluss an die vorhandene Gliederung, was zu einer stark vertikalen Streifung führte. Für den Abschluss wählte man ein zackiges Profil, das bedauerlicherweise nach den 1943–44 erlittenen Kriegsschäden begradigt wurde. So endet heute das Gebäude flach, was den Eindruck einer provisorischen Lösung erweckt. Nach der Eintragung in die Hamburger Denkmalliste im Mai 2000 wurde der Bau grundsaniert, wobei man den Rückgewinn der zackigen Silhouette nicht berücksichtigte.
Heute ist hier unter anderem die Zentrale Bücherhalle untergebracht. Durch Anhebung des Vorplatzgeländes mit ebenerdigem Zugang für Besucher vom Hauptbahnhof aus wurde der Bau überzeugend an die Stadt angebunden. Eine Parkgarage, Mietbüros und nach wie vor die Post nehmen das Ensemble ebenfalls in Anspruch.

Hühnerposten

FABRIKEN

Mälzerei Naefke (heute „Stilwerk", Große Elbstraße 66–68, Altona)

Der hafenbezogene Industriebetrieb nahe der Fischauktionshalle in Altona wurde 1907–11 über einem älteren Kern (vor 1850) errichtet. Der Bauplatz war seit 1642 Brauereistandort. 1875 hatte Georg Wilhelm Naefke das alte Gebäude übernommen. Als die Malzfabrik im Herbst 1992 ihren Betrieb einstellte, war der Bau bereits verwahrlost und vom Abriss bedroht. Glücklicherweise wurde er 1994 unter Denkmalschutz gestellt. Der Abluftschornstein des die anderen Bauteile überragenden Darrhauses, ein charakteristisches Glied im Hafenpanorama Altonas, war abgetragen worden. In zähen Verhandlungen ist es der Denkmalpflege gelungen, zumindest den Großteil der Außenhaut der früh entstandenen Stahlbetonskelettkonstruktion zu bewahren und einen neuen weißen Schlot aufrichten zu lassen (auf der Abbildung über dem schwarzen Dach rechts). Der Darrschlot ist das Erkennungszeichen einer Malzfabrik, der Darrprozess erfolgt von oben nach unten. In der Mälzerei Naefke gelangte das Malz vom Darrhaus aus in den darunter gelegenen, zuvor unbefensterten Block des Silogebäudes, das nach dem Umbau für das „Stilwerk" teilgeöffnet werden musste.

Die architektonische Formensprache unterscheidet sich von der der Speicherstadt wenig. Der Backsteinbau ist vertikal gegliedert und mit einem Ecktreppentürmchen, das den nachmittelalterlichen Charakter stärkt, versehen. Der Entwurf ist schlicht, geht jedoch über die reine Zweckmäßigkeit hinaus, was im späteren Historismus nicht selten ist.

Die meisten Eingriffe in die alte Mälzerei betreffen das Innere, das 1996 von Lange, Vogler + Partner sowie Rolf Heide umgebaut wurde. Das „Stilwerk" ist ein Design- und Möbelcenter, das hier anders als in Berlin, Düsseldorf und Stuttgart in einen Altbau einziehen konnte. Das Gebäude ist durch eine Stahlbrücke mit dem Ensemble „Stadtlagerhaus" verbunden, das 1998 bis 2001 von Jan Störmer Architekten stark überarbeitet wurde. Der gegenüber stehende Elbspeicher wurde für Büros und Wohnungen (BPHL, siehe Elbspeicher) ebenfalls bis 1996 umgebaut und aufgestockt. Mit all diesen Baumaßnahmen hat man ganze Viertel sehr aufgewertet, hier siedeln sich ungebremst Werbeagenturen, Verlage, Neue Medien und besternte Gastronomien an.

Mälzerei Naefke

Zigarrettenfabrik Haus Neuerburg (heute Telekom-Niederlassung 2; Wandsbek, Walddörferstraße 103)

Zigarettenfabrik Haus Neuerburg, Reihe gedrehter „Dienste"

Das Gebäude wurde zunächst in zwei Abschnitten errichtet: 1924–25 bauten Klophaus und Schoch den Mehrflügelbau mit Hauptfassade entlang der Walddörfer Straße, 1926–27 schuf Fritz Höger die quer zur Straße stehende Erweiterung, die sich 35-achsig (!) in die Tiefe entwickelt und für eine großartige Perspektive sorgt. Vom großen Prisma dieses fünf- bzw. sechsgeschossigen Westflügels treten straßenseitig – also im Norden – fünf Achsen in Erscheinung, die bis zur Trottoirgrenze reichen. Dagegen springt der ältere Straßentrakt aus der Bauflucht zurück.

Höger strebte ein klares, einfaches, geometrisches Volumen an, dem er mit meisterhaftem Gestus dennoch zu großer Expressivität verhalf. Die Backsteinschichten der Außenhaut sind in regelmäßig wechselnder Flucht gemauert, so dass eine Horizontalstreifung, eine Art Bandrustika, entsteht. Dominant ist aber die Vertikalgliederung: Den Wandvorlagen wurden Dienste vorgestellt, die durch das Versetzen jeder einzelnen Klinkerschicht um 15 Grad gedreht sind. Damit wurde eine beispiellose Dynamisierung der Fassaden er-

Zigarettenfabrik Haus Neuerburg

reicht, die ihrerseits auf gotisches Gedankengut zurückgeht. Die Tatsache, dass Höger die Dienste ursprünglich alternierend nach links und nach rechts drehen wollte, spricht für seine Kenntnis der Nordhalle im Braunschweiger Dom. Die Entscheidung zur Drehung in nur eine Richtung bringt diese Dienste in unmittelbare Nähe zu den Pfeilern der katholischen Kathedrale Sankt Sebastian in Magdeburg (vollendet 1489), die in Sandstein ausgeführt ist. Aber auch im backsteinernen Hamburg der Gotik war das Tau-Prinzip zur Drehung der Gewölberippen bekannt (Südschiff von St. Jakobi), mehr noch in der Hausarchitektur des 16. Jhs. Nicht zu vergessen sind die bis heute erhaltenen gedrehten Schornsteine der Hamburger Krameramtswohnungen des 17. Jhs., die eine unmittelbare Anregung für Höger gewesen sein könnten. So ist das Motiv der gedrehten Dienste alles andere als „orientalisch", wie Claudia Turtenwald meint. Natürlich wurde die Drehung hier mit eigenständigen Mitteln erreicht, wie die „Klinkersäule" Högers in der Ziegelbau-Ausstellung von 1926 didaktisch zeigte. Der einfache Kunstgriff verleiht dem Gebäude eine ungewohnte, lichtintensive Wirkung und große Plastizität. Wie Piergiacomo Bucciarelli treffend notiert, projizieren die durch die Lichtreflexe hervorgerufenen Linienbündel ihre eigenen Fluchtpunkte über das Gebäude hinaus, ähnlich dem Chilehaus. Es waren die Maurer, die mit ihrer Perfektion bei der Bauausführung solche Effekte ermöglicht haben. Idee, Entwurf und Realisierung standen auf höchstem Niveau. Den nicht gerade einfach zu lösenden oberen Abschluss der Dienste liefern schräge „Konsolen", die freilich nichts tragen und wie „Trichter für Fallröhren" aussehen. Dieses überzeugende Motiv begleitet gotisierende Bischofsmützen-Oberfenster. Auffällig ist

die Teilvergoldung der Stirnseite der Konsolen. Die Fassadenkanten wurden strebepfeilerartig kurviert und präsentieren eine übereck gestellte Stirn mit gedrehtem Dienst.

Der Westflügel – von außen eine der international interessantesten Fabrikarchitekturen – wird innen von einer doppelten Reihe Pilzpfeiler mit einem Interkolumnium von 4,50 m dreischiffig gestaltet. Die Fensterbrüstungen sind auf einen Meter angehoben, die Fenster selbst reichen bis zur Decke und optimieren so die Lichtverhältnisse. Diese Hallen wurden bis 1982 für die Tabakverarbeitung genutzt, dann zog die Post in das Gebäude ein und heute dient es der Telekom als zweite Hamburger Niederlassung.

Die letzte Erweiterung des Ursprungsbaus erfolgte 1927–29 durch einen von der Straße nicht sichtbaren Mittelbau mit Treppenaufgang, den ebenfalls Höger verantwortete.

Der Bau ist auch als Reemtsma-Gebäude bekannt, waren doch die Brüder Reemtsma Eigentümer und Auftraggeber des Fabrikgebäudes.

oben links: Zigarettenfabrik Haus Neuerburg, Detail mit oberen Fenstern

oben rechts: Magdeburg, St. Sebastian, Pfeiler (1489)

unten: Krameramtswohnungen, Schornstein (17. Jh.)

„BÜRGERHÄUSER“

Alte Holstenstraße 86–84–82 (Bergedorf)

Als Relikt des alten Fachwerkstädtchens Bergedorf haben sich einige zusammenhängende Häusergruppen erhalten. Auf der Abbildung dominiert das Eckhaus Haus Nr. 84, das 1713 gezimmert wurde und sich in weißem Balkenwerk präsentiert. Das zu Ladenzwecken umgebaute Erdgeschoss ist nicht die einzige Veränderung des 1958 leider entkernten Baus. Erhalten ist die „niedersächsische Laterne“, das heißt das ununterbrochene Fensterband des Obergeschosses. Die weißen Sprossenfenster mit den ebenfalls weißen Balken sorgen für ein makelloses Aussehen. Das ebenfalls giebelständige Nachbarhaus Nr. 82 (rechts) mit dem dunklen Balkenwerk ist älter, es datiert 1668 und wurde zuletzt 1994 renoviert. Links sieht man eine Kante der ehemaligen, 1839 gezimmerten und 1868 aufgestockten Kornwassermühle (Haus Nr. 86), die 1973 abgerissen und anschließend als Nachbau neu errichtet wurde.

Deichstraße 19 (Altstadt)

Das hohe Haus ist eines der ersten Nachbrandhäuser Hamburgs. Es wurde 1842–45 vom Architekten Georg Luis für den Oberalten Johann Heinrich Schäffer gebaut, dessen Porträt sich als Relief in einem Tondo unter dem Kranzgesims befindet. Die Inschrift dort lautet: „Eingeäschert am 5. Mai, Wiederbegründet am 30. Nov. 1842“. Das viergeschossige Haus wurde auf halbsichtbarem Keller im Rundbogenstil errichtet. Das 3. Obergeschoss zeigt einen gotisch anmutenden Balkon aus Metall, dessen Brüstungsplatten mit ausgesparten Sternen geschmückt sind. Das hohe, farblich abgesetzte Erdgeschoss ist triumphbogenartig in drei Arkaden

Alte Holstenstraße 86–84–82, Bergedorf

links: Deichstraße 19

rechts: Deichstraße 37 u. 39

gegliedert, deren linke die auffällig schlanke Eingangstür umschließt. Obwohl die Gliederung in Werkstein erfolgte, wurde die Fassade im Ganzen verputzt. Die Bogenzwickel des breiten Erdgeschoss-Fensterbogens und die Felder unter den Fenstern des ersten Obergeschoss sind sehr sanft reliefiert. Bemerkenswert ist das mit Hilfe von gusseisernen Gliedern errichtete Treppenhaus im Inneren.

Deichstraße 37 und 39 (Altstadt)

Haus Nr. 37 wurde 1680 als viergeschossiges Wohn-, Kontor- und Lagerhaus gezimmert. Die Straßenfassade wurde im 19. Jh. verputzt, so dass Straße- und Fleetansicht komplett divergieren, auch wenn die Giebelständigkeit der Fassade erhalten blieb. An der Rückfassade zum Fleet sind die Vorkragungen des 3., 4. und die des dreigeschossigen Dachs gut erkennbar. An der Giebelspitze ist noch der Zugbalken erhalten, während er straßenseitig bei der Instandsetzung 1976–81 verlorenging. In der Achse des Balkenzugs sind noch die geschosshohen Öffnungen sichtbar, die heute in die Befensterung integriert sind. Ein kleiner Erker mit unverputzten Gefachen fällt auf. Die

Deichstraße 39, Giebel

Deichstraße, Ansicht zum Nikolaifleet

links: Deichstraße 43

Mitte: Deichstraße 4, Volutengiebel

rechts: Deichstraße 4

Fenster im Erd- und 1. Obergeschoss verraten die erhaltene zweigeschossige Kaufmannsdiele, die 1720 eingerichtet wurde und die sich bei den stark dezimierten althamburgischen Häusern quasi als einzige an Ort und Stelle erhalten hat. Bei der Sanierung wurden die Speichergeschosse zu Wohnzwecken umfunktioniert.
Haus Nr. 39 entstand um 1700 in einfachem Fachwerkgerüst mit massiver straßenseitiger Fassade, deren Giebel zweimal abgestuft ist. Die Stufen wurden durch Anbringung volutenartiger Girlandenmotive bereichert, ein Segmentbogen mit fleischigem Blattwerkrelief krönt den Giebel. Diese Dekorationselemente sind in Sandstein gehauen und kontrastieren in ihrer natürlichen Farbe mit dem weißen Fassadenputz. Ein schmaler Gang zwischen den Häusern Nr. 39 und Nr. 41 verbindet die Straße mit einem Ponton auf dem Nikolaifleet. Gegen die starke Verformung und zur Stabilisierung der Fachwerkkonstruktion dieser Häuser musste der Fleetgang ein Korsett aus Eisen bekommen. Die Instandsetzung erfolgte 1976. Das Erdgeschoss beherbergt heute das „Ti Breizh – Haus der Bretagne".

Deichstraße 43 (Altstadt)

Dieses schmale, am Fleet dreiachsige und an der Straße nur zweiachsige Fachwerkhaus teilt mit den Häusern Nr. 37 und 39 die vollständig unterschiedliche Gestalt von Fleet- und Straßenfront. Das Haus wurde 1697 gezimmert, wobei die Fachwerkwand zum Fleet 1738 erneuert wurde. Die einfache Ausfachung dieser Seite wurde in Backstein ausgeführt. Das schöne gebrochene Dach ist fleetseitig durch sein weiß gestrichenes Wind- oder Ortbrett zum Schutz der Ziegeldeckung unverkennbar. Hinter der Straßenfassade vermutet niemand dasselbe Haus: Eine in kräftigem Grün gestrichene Putzfassade endet in einem geschweiften Volutengiebel. Dieser bricht sich nach fast senkrechtem Anfang in kurzen geraden Linien und verjüngt sich dann schnell in Kurven. Den Abschluss bilden zwei Segmentsimse, die mittig von einem hängenden Maiglöckchenpaar verbunden werden. Nach der 1976 er-

folgten Instandsetzung bzw. Teilrekonstruktion wurde im Untergeschoss ein Restaurant eingerichtet, während den oberen Geschossen die Wohnfunktion erhalten blieb. Der Fleetgang ist hier überbaut.

Deichstraße 45 (Altstadt)

Das in strahlendem weiß gestrichene Windbrett macht den Giebel auch dieses 1698 errichteten Hauses Nr. 45 zum Blickfang. Die Fachwerk-Fleetseite wurde im 19. Jh. bis zum 3. Stock in Backstein vorgeblendet, während das Sichtfachwerk im 4. Obergeschoss und im Giebel erhalten blieb. Obwohl sich der Giebel als ein Dreieckgebinde nicht selbst verformen kann, ist er doch durch die stark verbogene Struktur des darunterliegenden Geschosses aus dem Lot geraten. Dies zeigt sich auch an der schräg stehenden „Giebelsäule" mit ihrem bleiernen Knauf. Auch hier ist die Straßenseite völlig selbstständig gestaltet, und zwar als massive Fassade mit doppeltem Volutengiebel und krönendem Flachdreieck. An der Giebelwand sind in übergroßen Ziffern das Entstehungsjahr 1698 und das Restaurierungsdatum 1887 zu lesen, darunter das Datum der letzten Instandsetzung 1976 mit den Lettern I. N. für die Bauherrin, Ingeborg Nordmann. Die Initialen E. S. am Giebel konnten vom Autor nicht identifiziert werden. Keller und Erdgeschoss werden nach wie vor gewerblich genutzt, in den Obergeschossen befinden sich Wohnungen. Der auf der Abbildung gut zu erkennende Backsteingiebel des Hauses Nr. 47 ist eine 1974 datierende Rekonstruktion des kriegszerstörten Vorgängerbaus. Sie erfolgte nach alten Plänen.

Deichstraße 45, Giebel

Gasthof Stadt Hamburg (Sachsentor 2, Bergedorf)

Das Haus wurde Mitte des 16. Jhs. gezimmert und diente seit 1620 als Herrenherberge. Ende der 1950er Jahre fand sich eine angemessene

Gasthof Stadt Hamburg in Bergedorf

Haus Neumann in Groß Flottbek

Nutzung des 1908 von der Stadt Hamburg erworbenen Gebäudes als Gasthof. Das Doppelhaus stand ursprünglich etwas weiter westlich und musste 1958 wegen einer neuen Verkehrsführung etwa 7 m zurückversetzt werden. In diesem Zusammenhang fand eine tiefgreifende Erneuerung statt. Im Grunde handelt es sich bei dem hier abgebildeten Gebäudeteil um ein reich geschnitztes und völlig durchfenstertes Fachwerkhaus der niederdeutschen Renaissance. Die von Ständer, Schwelle und Fußwinkelhölzern gebildeten Dreiecke wurden im Obergeschoss jeweils in Form einer Fächerrosette geschnitzt. Solche Rosetten waren im Hamburger Raum, heute insbesondere in Stade und Lüneburg, durchaus normal, wenn auch nicht so häufig wie im westfälischen Lemgo oder im niedersächsischen Einbeck. Die Backsteinfüllung der Brüstungsgefache erfolgte in dekorativen Mustern, beispielsweise fischgrätartig. Eine andere Gebäudehälfte ist ein Giebelhaus aus der Zeit um 1650, errichtet ebenfalls in Fachwerkkonstruktion.

Große Elbstraße 146

Große Elbstraße 146 (Altona)

Das 1772 erbaute Giebelhaus ist das letzte erhaltene Altonaer Altstadthaus. Der Giebel entspricht einer mansardenartigen Brechung mit kleinen seitlichen Voluten. Schlicht gestaltet, lassen sich nur am Giebel paneelartige Vertiefungen der Mauerflucht beobachten. Die Backsteinflächen sind weiß gekalkt. Das Haus wurde 1880 Bestandteil des ehemaligen Maschinenreparaturbetriebs Groth & Degenhardt und konnte so überdauern. Dasselbe gilt für den rückwärtigen Speicher von 1820, der zwischen Haus und Hang steht. 1882 wurde im Hof ein Kesselhaus gebaut, letztlich kam 1899 noch das Fabrik-Vordergebäude hinzu (rechts auf der Abbildung). Heute ist hier ein Weinfachhandel zu Hause. So klein und bescheiden das Haus sein mag, so unersetzlich ist es als originales Überbleibsel der untergegangenen Altstadt Altonas.

Haus Neumann (Cranachstraße 27, Groß Flottbek, Altona)

1923 von den Architekten Heinrich Esselmann und Max Gerntke erbaut, gilt es als frühes Hauptwerk des Expressionismus. Übereinstimmend werden in der Literatur die Formen des Hauses mit „splittrig-kristallin" zutreffend beschrieben. Der würfelförmige Baukörper wird von einem steilen, auf der Fassadenseite unterbrochenen Walmdach gedeckt. Keine simple Brechung des Dachs in der Art der Mansarde ist hier vorhanden, sondern ein tiefer Schnitt. Er dient dem Einschub eines Fensterbandes, das den Eindruck von Zweigeschossigkeit erzeugt. Der Walm endet nicht wie üblich, vielmehr wird sein Schwung von zwei den First abgrenzenden, geböschten Pfeilern unterstrichen, die entgegen jeder Logik eines Schornsteins jeweils an ihrer Basis ein kleines Rundbogenfenster aufweisen. Die Dramatik der Formensprache wird sowohl durch dreieckige Gaupen als auch durch die Gliederung der Fassade mittels sechs spornartiger Wandvorlagen gesteigert. Diese enden auf Höhe des Kranzgesimses. In das Oberlicht des Hauptportals ist eine kubistische Türlampe integriert. Die Heimatstil-Architektur erreicht durch diese höchst originelle Gestaltung eine geradezu magische Dimension, die eines Lyonel Feininger würdig ist. „Künstlerischer Impulsgeber des Architektenduos dürfte Gerntke gewesen sein, der vor allem über seinen Lehrer Johann Michael Bossard mit den Reformideen des Deutschen Werkbundes in Berührung gekommen war und eine Architekturgestaltung im Sinne des Gesamtkunstwerks anstrebte" (Allgemeines Künstlerlexikon AKL).

Lange Reihe 61

Lange Reihe 61 (St. Georg)

Der schmucke Fachwerkbau ist ein Beispiel von Tausenden ähnlicher Bürgerhäuser, die jahrhundertelang das Stadtbild beherrschten. Er entstand 1621 und ist somit 13 Jahre älter als das Haus Valentinskamp 32–34. Ursprünglich diente er als Garten- und Lusthaus mit Alsterblick, was heute im eng bebauten Sankt Georg befremdlich erscheint. Heute ist die Fassade zwischen einem gründerzeitlichen Mietshaus und einem schlichten Nachkriegsbau eingeengt. Die Straße selbst wurde erst 1715 reguliert, fast hundert Jahre nach der Entstehung des kleinen Anwesens. Offensichtlich ließ es sich in diesem alten Haus an Sommerwochenenden ein wohlhabender Kaufmann gut ergehen. Das Haus hat durchaus einen künstlerischen Anspruch, wie die frühbarocke florale Bemalung der Holzbalkendecke zeigt. Allerdings sollte dies nicht als außergewöhnlich gelten: Mit Sicherheit hatten zahlreiche der abgebrannten, abgerissenen und zerbombten Wohnbauten ähnliche Dekorationen, die aufgrund späterer Veränderungen unerkannt mit ihren Häusern untergingen.

Auch dieses Haus blieb nicht frei von Veränderungen, da es 1764 hofseitig erweitert und 1853 und 1878 zum Etagenhaus umgebaut und aufgestockt wurde. Die ausgezeichnete Restaurierung fand 1988–89 statt, sie ist den Architekten Dietrich Raeck und Jürgen Padberg zu verdanken. Der Bau ist viergeschossig, traufständig mit Zwerchhaus versehen und wurde ursprünglich mit Diele und dem für Hamburg typischen Obergeschoss-„Sahl" erbaut. Das Gebälk ist hellgrau gestrichen, die Gefachausfüllung, wie in Niederdeutschland üblich, mit Ziegeln ausgeführt. Heute sind in dem Haus ein Gewerbebetrieb („Nähmaschinenhaus") und eine kleine Dachwohnung untergebracht. Die Mutter von Johannes Brahms lebte bis zu ihrem Tode in diesem Haus.

Lange Reihe 61, Inneres

Ludolfstraße 43 (Eppendorf)

Der dörfliche Charakter des ursprünglichen Eppendorf, das 1871 Hamburger Vorort und 23 Jahre später Stadtteil wurde, ist dem Maßstab des barocken Fachwerkhauses abzulesen, das nur einen Katzensprung von der Johanniskirche entfernt liegt. Der reizvolle, im 18. Jh. als Wohnhaus gezimmerte eingeschossige Bau trägt ein mansardenähnliches gebrochenes Dach mit großem Zwerchhaus. Letzteres verschaffte dem kleinen Zuhause eine deutlich größere Wohnfläche. Das Verhältnis zwischen Tragwerk und Gefachen ist das wohl bekannte: weißlich gefasste Balken und unverputzte Ziegelausfachung. Die vorletzte Funktion des stimmungsvollen Inneren war der „Brahms-Keller", heute ist hier eine italienische Gastronomie untergebracht.

Neue Straße 47, „Behrsches Haus" (Harburg)

Unter den wenigen erhaltenen Zeugnissen Alt-Harburgs ragt das Bürgerhaus Neue Straße 47 heraus, das vor der Ruine der alten Dreifaltigkeitskirche steht. Das 1625 entstandene Fachwerkhaus weist einen Prachtgie-

Ludolfstraße 43

bel mit drei Vorsprüngen auf, dessen Gefache mit backsteinernen Ziersetzungen glänzen. Die Abzimmerung selbst erfolgte mit mittiger Riegelkette und Fußbändern. Knaggen und Füllhölzer sowie die Schiffskehlen an den Schwellungen wurden kostbar geschnitzt und differenzierend farbig gefasst. Die Hausfassade wurde durch eine Auslucht mit eigenem Giebel rechts vom Hausportal asymmetrisch gestaltet. Haus und Straße wurden damals ebenso wie die gegenüberliegende Kirche und die Lämmertwiete als Ersatz für ein Wohngebiet geschaffen, das im 17. Jh. dem Ausbau Harburgs zur wichtigsten Festung an der Nordgrenze des Herzogstums Braunschweig-Lüneburg weichen musste.

Övelgönne 66–65 (Othmarschen)

Övelgönne besteht aus einer einzigen Häuserzeile zwischen Elbestrand und Geesthang. Die ältesten Häuser sind entweder in Fachwerk oder in Backstein ausgeführt, meistens eingeschossig und traufständig. Eine typische Disposition ist die des „Siamesenhauses", wie Nr. 66–65 zeigen: Zwei Kleinhäuser mit mittigem Türpaar entwickeln sich spiegelverkehrt von einer zwischen den Türen verlaufenden Mittelachse aus, mit großen Fenstern links und rechts des jeweiligen Eingangs. Das Dach ist steil und trägt ebenfalls spiegelsymmetrische Gaupen. Diese Häuser wurden 1709–12 errichtet und dienten wie die gan-

Neue Straße 47 in Harburg

ze Övelgönner Bauzeile höchstwahrscheinlich als Fischer- und Lotsenwohnungen – letztere sind als kleine „Kapitänhäuser" bekannt. Das Haus Nr. 40 ist ein rosa gestrichener Bau mit vor 1739 gezimmertem Fachwerkobergeschoss und weißlich gefasstem Balkenwerk. Das Giebelhaus Nr. 13 war das Wirtshaus, das von der 1745 gegründeten Lotsenbrüderschaft als Versammlungsort genutzt wurde. Die Präsenz von Lotsen war im 18. Jh. hier durch das schwierige Fahrwasser mit seinen Sandbänken bedingt. 1890 wurde Övelgönne nach Altona eingemeindet. Zwischen dem die Häuser verbindenden Gehweg und dem Strand sind kleine Gärten angelegt – ein perfektes Idyll.

Reimerstwiete (Altstadt)

Die Westseite der südlich des (verfüllten) Katharinenfleets liegenden Twiete, der schmalen Querverbindung zu der ehemaligen Insel Cremon, hat mit einer geschlossenen Gruppe von fünf Häusern Zeit, Abriss und Bomben überdauert. Trotz ihrer Ähnlichkeit sind sie natürlich nicht als eine „Wohnanlage", sondern als Einzelhäuser entstanden. Dabei gehören sie nicht zu den ältesten Beispielen Hamburger Bürgerhäuser: Nr. 18 wurde erst 1761 gezimmert, Nr. 19 als Wohnhaus gebaut und 1832 aufgestockt. Haus Nr. 20 datiert 1808 und Haus Nr. 21 wurde vier Jahre später von einem Wohnhaus in einen Speicher umgebaut, was man deutlich an den heute zu Balkonen gewordenen Lukentüren und dem Aufzugsbalken im Giebel erkennen kann. Am Haus Nr. 17 wurde 1824 ein neuer Giebel errichtet. Damit endete der Gestaltungsprozess dieser Häuserreihe. Bei solchen „unterbürgerlichen Adressen" überdauerte die Verwendung von Fachwerk am längsten –

links: Övelgönne 66–65, Othmarschen

rechts: Reimerstwiete

ohne irgendeine Möglichkeit der Vorbelastung durch klassisch geschulte Architekturtheorien. Zum Glück hielt der Haustyp unbeirrt an der gebrochenen Form des Barockdachs fest. Bei den schlichten Fachwerkskeletten wurden keine Verstrebungen verwendet; die sanften Vorkragungen verschwinden in den jüngeren Häusern ganz. Die erwartungsgemäß völlig fehlenden Ornamente mindern die hohe architektonische Qualität nicht. Es handelt sich zwar um einen kurzen, wohl aber den schönsten Straßenzug Hamburgs. Die Instandsetzung der Häuserzeile erfolgte 1979/80 als direkte Reaktion auf den unsinnigen Abriss von Altstadthäusern, wie er beispielsweise bis 1973 am benachbarten Grimm stattgefunden hatte.

Rieck Haus (Curslacker Deich 284, Curslack)

Das große reetgedeckte Fachhallenhaus entstand 1533. 1633 nahm man eine Ausbesserung des Wohnteils vor, Giebel und Ausfachung im Schmuckverband stammen aus dieser Zeit. Die unmittelbar am Deich gelegene Eingangstür wurde vermauert, was auf der Abbildung leicht zu erkennen ist. Die in die Grundschwelle eingezapften Winkelhölzer, auch die, die die abgerundete Türöffnung versteifen, sind gebogen – ein gotisierendes Detail. Der auf Bügen vorkragende Giebel ist reich an Verstrebungen, wie die doppelten Andreaskreuze in jedem Brüstungsgefach belegen. Wie alle Häuser dieser Gattung schließt der Bau überaus charaktervoll mit einem gewalti-

Rieck Haus, Curslack

oben: Rieck Haus, Inneres des Altenteilers

unten: Schopenstehl 32–33

gen Krüppelwalm ab. Dieser lässt am First ein Rauchloch frei, das charakteristischerweise von sich kreuzenden Brettern umrahmt wird. Das Haus hat noch immer seinen offenen Bodenherd. An der Nordseite des Reetdachs ist in gewissen zeitlichen Abständen ein Abklopfen des sich bildenden Mooses vonnöten (zuletzt im Spätsommer 2006). Die namengebende Familie Rieck hat das Haus noch 1982 bewirtschaftet, allerdings nur noch zu Schauzwecken. Bereits 1954 wurde das Haus nach einer fünfjährigen Instandsetzung als Außenstelle des Altonaer Museums eingeweiht und ist seitdem Kern eines kleinen Freilichtmuseums – mit der Besonderheit, dass dieses Haus nach wie vor auf seinem ursprünglichen Platz steht und nicht rekonstruiert werden musste. Das Innere bildet ein Hufnerhaus in Zweiständerkonstruktion mit ungeteiltem Fleet-Dielen-Raum. Besonders reizvoll ist die Einrichtung des Altenteilers mit seiner im Laufe der Zeit immer reicher gewordenen Dekoration: Kacheln, Intarsien und sogar eine barocke Wandmalerei auf einer Holzvertäfelung (das „Opfer Abrahams").
Haus Rieck wirkt jedoch im Vergleich zu einem anderen Hufnerhaus, dem in Kirchwerder stehenden Kirchwerder Hausdeich Nr. 24, beinahe bescheiden: dort erreicht die dekorative Ausfachung am Außenbau ihren Höhepunkt.

Schopenstehl 32–33 (Altstadt)

Vom Barockhaus um 1780 ist nach dem Neubau von Arthur Viol aus den Jahren 1885–88 lediglich die Fassade erhalten – und leider mit verfälschenden Veränderungen. Im ursprünglichen Zustand wies sie Sichtbackstein auf. Die Rustizierung konnte überdauern. Vor allem ist aber das Portal bedeutend, nicht so sehr wegen der vorzüglich geschnitzten Rokoko-Türflügel mit ihren bewegten Oberlichtern, sondern rein architektonisch: Schwungvoll

biegt sich der Sturz, als ob er durch Hitzeeinwirkung regelrecht aufgeweicht worden wäre; ein Trumeau stützt den „weich" gewordenen Türsturz, dessen tragende Funktion völlig negiert wird; eine Brosche oder Agraffe klammert die konkave Mitte des heftig gesprengten Volutengiebels – ein Bravourstück aus der Zeit des Rokoko!

Valentinskamp 32–34 (Neustadt)

Das Haus ist eines der wenigen aus dem 17. Jh. stammenden und im Innenstadtbereich noch erhaltenen Häuser. 1953 drohte ihm für den achtspurigen Ausbau der Straße Valentinskamp der Abriss, der dann glücklicherweise nicht erfolgte. Zuletzt konnte das Haus ab 1991 durch die Architekten Padberg, Reumschüssel & Partner zusammen mit Dietrich Raeck restauriert werden. 1993 gewann es den Preis für Denkmalpflege, der von der Patriotischen Gesellschaft verliehen wird. Das Gebäude wurde in der Zeit um 1634 gezimmert. In das 5 m hohe Erdgeschoss baute man 1760 ein Mezzaningeschoss ein. Darüber kragt an Straßen- und Rückfassade das Obergeschoss vor, während das nicht vorkragende heutige vierte Geschoss aus der Aufstockung von 1856 stammt. Zu dieser Zeit war die Neustadt völlig überbevölkert und Wohnraum musste unverzüglich geschaffen werden. Das breitgelagerte Haus ist 11-achsig, wobei das Mezzaningeschoss straßenseitig eine ununterbrochene Laterne zeigt, hofseitig aber an zwei Stellen durch einzeln gemauerte Gefache unvollständig ausgebildet ist. Verstrebungen finden sich nur an den Enden des Hauptobergeschosses und hofseitig auch an den Enden des obersten Stockwerks aus dem 19. Jh. Dort findet sich straßenseitig eine weitere, voll entwickelte Laterne. Die Verformungen des Hauses sind direkte Folge seines hohen Alters. Aus der Zeit um 1632 stammt noch die Deckenbemalung des Hauptobergeschosses mit Motiven wie Vögeln, Früchten und Beschlagwerk. Die Bewohner, wenn auch kleinbürgerlich, mussten auf solch frühbarocken Schmuck nicht verzichten. 1905 zog eine Metallwarenfabrik in den Hof, die ebenfalls erhalten ist. Gewerbe- und Wohnfunktion hat das Haus bis heute behalten.

Willy-Brandt-Straße 45 und 47 (ehem. Ost-West-Str., Altstadt)

Die Häuser bilden einen Rest der ehemaligen Gröningerstraße, die bei der Öffnung der Ost-West-Straße verschwand. In diesem Kaufmannsviertel standen – wie an der großen Reichstraße – prächtige Barockgiebelhäuser, von denen Nr. 47 ein gutes Beispiel liefert, auch wenn das Hausinnere 1950–57 stark verändert wurde. Die symmetrische Fassade weist ein steinernes Portal auf, das mit der Umrahmung des darüberliegenden Fens-

Schopenstehl 32–33, Portal

Valentinskamp 32–34, Rückfassade

Willy-Brandt-Straße 45 und 47

ters eine Einheit bildet. Ansonsten beschränkt sich der Werkstein auf die Markierung der Geschosshöhen und vor allem auf die Umrandung des eher breiten als hohen Volutengiebels. Die backsteinernen Flächen jedoch sind an den Fassadengrenzen und im mittleren Fassadenbereich mit einer Bandrustika versehen. Das Haus Nr. 45 (links) illustriert die Entwicklung nach 1800, als die Häuser ihrer Giebel beraubt wurden, man zog den flachen Abschluss durch ein Attikageschoss vor. Das damals dennoch nötige Walmdach ist von der Straße aus sichtbar. Offensichtlich wurde das Haus aufgestockt. Rechts von Nr. 47 steht das 1900–09 von Georg Radel erbaute Asia-Haus. Durch die breite und stark befahrene Straße sind die etwas unter dem Straßenniveau liegenden Häuser der Aggressivität der modernen Stadt hoffnungslos ausgeliefert. Sie wurden zuletzt 2005–06 renoviert.

WOHNANLAGEN UND SIEDLUNGEN

Allgemeine Deutsche Schiffszimmerer-Genossenschaft (Martin-Luther-Straße 14–18/Wincklerstraße, Neustadt)

Die Anlage gehört zur Sanierung der südlichen Neustadt in der Zeit vor dem Ersten Weltkrieg. So sehr hier der großflächige Verlust an historischer Bausubstanz zu beklagen ist, so wurde doch zumindest eine „heimatliche" Ersatzarchitektur angestrebt, über die man sich auch heute noch freuen kann. Diese ist nach den Zerstörungen im Zweiten Weltkrieg wiederum nur teilweise erhalten.

Ernst Vicenz errichtete 1913–14 eine schöne Wohnanlage auf unregelmäßigem Grundriss, den Höhenunterschied zwischen Winckler- und Martin-Luther-Straße überspringend. Diese Wohnungen waren nur für die privilegierten Werftarbeiter erschwinglich, was schon die nicht gerade anspruchslose äußere Gestaltung der Gebäude erkennen lässt. Die Formensprache ist bodenständig mit backsteinernen Fassaden, bei denen punktuell die in hellem Stein bearbeiteten Glieder hervortreten. Die zu St. Michaelis blickende Fassade sticht durch ihren Zwillingserker und das mit Voluten flankierte Zwerchhaus heraus. Durch den großen Rundbogen im Erdgeschoss erreicht man die Treppen, die durch die Anlage hindurch zur Martin-Luther-Straße führen. Rechts von dieser Fassade erkennt man den neuen Trakt der 1950er Jahre.

Bäckerbreitergang (Dragonerstall 11–13, Bäckerbreitergang 49–58)

Auf einer Straßenseite hat sich eines der letzten Beispiele der Gängeviertel-Bebauung erhalten. Die Hinterhofgassen waren normalerweise über Toreingänge an den Vorderhäusern zugänglich, fehlen hier jedoch. Die langgestreckten zweigeschossigen Häuser (Nr. 51–58) auf leicht erhöhtem Keller entstanden Anfang des 19. Jh. immer noch als Fachwerkbauten. Sie zei-

Allgemeine Deutsche Schiffszimmerer-Genossenschaft

gen die typische Verteilung von „Buden“ (Erdgeschoss-) und „Sahlen“ (Obergeschosswohnungen). Letztere sind durch die jeweils mittlere Tür der Dreier-Türgruppen erreichbar, die beiden äußeren führen zu den Buden (rechts im Bild gut erkennbar). Das Fachwerk ist auf die zweckmäßige Struktur von Schwellen, Wandständern und Brustriegeln reduziert. Früher hat hier die städtische Unterschicht gewohnt, heute aber sind diese Häuser eine privilegiert-historische und dazu ruhige Wohnadresse. Fast am Ende der Zeile steht ein älteres, breitgelagertes Haus (Nr. 49–50) aus der Zeit um 1650. Es zeigt ein vierachsiges Zwerchhaus mit Lukentür. Das Obergeschoss weist eine niedersächsische Laterne auf, also eine durchgehende Befensterung zwischen den Ständern, ohne jedes Blendgefach. Die Ausfachung der Brüstungen darunter erfolgte zumeist in geometrischem, parkettähnlichem Muster. Der Vorkragung des Obergeschosses kommen Knaggen zu Hilfe.

Die Breite des alten Gangs kann man an der Originalpflasterung ablesen.

oben: Bäckerbreitergang

unten: Bäckerbreitergang 49–50

Beamtenwohnhäuser der Deutschen Werft (Adicke-/Rosenhagenstraße/Wolfsloh/Eckernwoort/Gutzkowstraße, Groß Flottbek)

Kein Geringerer als Peter Behrens entwarf die 1921–22 errichtete Siedlung für die höheren Angestellten, die „Beamten“ der Deutschen Werft. Es handelt sich um eingeschossige Doppel- und Reihenhäuser unter hohen Walmdächern, die teilweise mit Balkonen, immer jedoch mit kleinen Gärten ausgestattet sind. Die Häuser variieren zwischen Drei- und Fünfzimmerwohnungen und verfügen zum Teil über Mädchenzimmer. Behrens durchlebte zu dieser Zeit seine expressionistische Phase, die vor allem durch sein 1920–24 erbautes Verwaltungsgebäude der Hoechst AG in Frankfurt dokumentiert wird. Auch hier erweist sich Behrens als facettenreich. So konnten heimische Bauten entstehen, die eine Wohltat für das schöne Viertel sind. Es steht auch außer Frage, dass sich in den Häuschen ein modernes, der Zeit angemessenes Leben entfalten konnte – und das bis heute. Die Dominanz der ausladenden Dächer und die Rückbesinnung auf die Tradition dürfen durchaus als Elemente des ex-

pressiven Bauens gelten. Die Fensterbänder höhlen die Hausecken aus, ein Merkmal der 1920er Jahre, jedoch mit vielen konkreten historischen Vorläufern wie dem Siemenshaus in Goslar (1693).
Der Architekt hat mit unterschiedlichen Baugruppierungen gespielt. Eckausbauten geben der Sackgasse Wolfsloh ihre besondere Note. Behrens benutzte keine Klinker, sondern einen helleren braunorangenen Backstein, der teilweise in Schmuckverband eingesetzt wurde.

Beamtenwohnhäuser der Deutschen Werft, Groß Flottbek

Ensemble Heilwigstraße (Heilwigstraße 123, Eppendorf)

Die Wohnblocks wurden 1923 mit Großwohnungen begonnen, an der Kellinghusenstraße 1925 mit mittleren Wohnungen weitergeführt und 1936 nach dem Konzept der 20er Jahre mit kleineren Wohnungen am Faaßweg 4–6 abgeschlossen. Die beteiligten Architekten waren William Zwinscher & Ralph Peters, Carl Plötz, Alfred Ruppert und P. Wrage. Erstere gestalteten in den wasser- und parkbezogenen Klinkerblocks wie Nr. 123 – dem Stadtteil entsprechend – herrschaftlich zugeschnittene Wohnungen. Die Fassaden wurden aufwändig im Stil des Art Déco gestaltet. Hervorzuheben sind die achsenteilenden Pfeiler, die reliefartig gemauert wurden, so dass das Lichtspiel eine starke Texturierung hervorruft. Sehenswert ist ebenfalls die Entwicklung der Fenster in die Höhe: unten halbrund mit Agraffen, die zugleich als Konsolen der oberen Fensterbänke dienen, oben mit kurzen Agraffen zum Auffangen der abgerundeten Balkons im 2. Obergeschoss. Die Balkonöffnungen tragen sternförmige „Schlusssteine“, die wie die Balkone und Agraffen weiß gefasst sind – ein Unterschied zu den eher expressionistisch geprägten Bauten der Periode. Ohne diese weißen Glieder würde der architektonische Charakter dieser Häuser wesentlich strenger wirken.

Ensemble Heilwigstraße

Grindel-Hochhäuser (Grindelberg/Hallerstraße/ Brahmsallee/Oberstraße, Harvestehude)

Grindelhochhäuser

Das schöne Viertel Harvestehude wurde im Krieg nur westlich des Innocentia-Parks zerstört und seitens der späteren englischen Besatzung zur britischen Enklave erklärt. Die Besatzer planten für sich selbst mit Hilfe von „politisch unbedenklichen" einheimischen Architekten eine großflächige Wohnanlage, die 1946 begonnen wurde. Die ursprüngliche Idee war aber nicht von langer Dauer, so dass die sich bereits im Bau befindlichen Hochhäuser bis 1949 nunmehr als „Sozialwohnungen" vollendet wurden. 1950 wurde unter diesem neuen Aspekt die Bautätigkeit in diesem Komplex wieder aufgenommen. Sechs Jahre später war er fertiggestellt: Im Laufe von zehn Jahren waren 12 Hochhäuser entstanden, sechs längere und höhere (13- bis 15-geschossige) und sechs kürzere und niedrigere (9- und 10-geschossige) „Scheiben", die, streng gereiht, so verteilt sind, dass sie untereinander genug Abstand für verkehrsfreie Grünanlagen lassen. Mit der Anlage entstanden mehr als 2 100 Wohnungen und außerdem zahlreiche Büros. Die völlig „sachlich" entworfenen Hochhäuser – Sachlichkeit meint eine Architektur in der Ideologie der klassischen Moderne der 1920er Jahre – wurden in Stahl- bzw. Stahlbetonskelett-Bauweise und mit einer Verkleidung aus gelben Klinkern ausgeführt. Beliebt sind die Dachwohnungen („Penthouse-Prinzip"). Ästhetisch gesehen war der kriegsbedingte Verlust der älteren Architektur und ihr Ersatz durch Massenwohnungsbau eine Katastrophe, auch wenn den Hochhäusern gewisse ästhetische Qualitäten nicht abzusprechen sind. Weit schlimmer jedoch war die schulbildende Funktion dieser Bauten, die als erste derartige Wohnhochhausstadt der europäischen Nachkriegszeit berühmt wurden. Das Vorbild dieser sehr frühen

Anlage und ihrer Nachfolger hat eine für die architektonische Landschaft Europas verheerende Wirkung gehabt. Es markiert einen derartigen Wendepunkt, dass danach die Rede von einer neuen Ära sein kann. War der avangardistische Sozialwohnungsbau der 1920er eine gute Antwort auf die Wohnungsnot und die ästhetischen Ansprüche der Moderne, darf dabei nicht vergessen werden, dass er in Randlagen der alten Städte stand und sich außerdem in die Länge, nicht in die Höhe erstreckte und so Natur- und Kulturlandschaft schonte. Genau das Gegenteil entstand mit den Hochhäusern am Grindelberg. Sie basieren bestenfalls auf unverwirklichten „Visionen" der 1920er. In der westlichen Welt ermöglichte erst der tatsächliche Bau solcher Anlagen zahllose Bausünden, insbesondere die der Bodenspekulanten der 1960er. Was der Sozialbau im Osten nach vier Jahrzehnten Kommunismus hinterlassen hat, braucht nicht näher erläutert zu werden. Vielleicht konnte es weltweit nicht anders kommen, aber dies macht die Entwicklung nicht weniger bedauerlich. In Bezug auf den Wandelprozess, der mit den Grindelhäusern einherging, hat Ralf Lange bereits vor über zehn Jahren darauf aufmerksam gemacht, dass „der hohe Anteil unattraktiver Kleinstappartements (rund 20 m^2) in einigen Blöcken mittlerweile zu einer starken Konzentration sozialer Randgruppen geführt hat".
In der Zwischenzeit stehen die Grindelhochhäuser unter Denkmalschutz. Als historisches Dokument des Wiederaufbaus ist das eine richtige Entscheidung, auch wenn es nicht vergessen lässt, dass die Wohnhochhausstädte das Ende der alten europäischen Stadtlandschaft besiegelten.

Kattenhof in St. Georg

Für Planung und Realisierung der Grindelhochhäuser waren die Architekten Bernhard Hermkes, Rudolf Jäger, Rudolf Lodders, Heinz-Jürgen Ruscheweyh, Albrecht Sande, Ferdinand Streb, Fritz Trautwein und Hermann Zess verantwortlich.

Kattenhof (St. Georgstraße 3–7)

Die Wohnanlage in der Art der Gängeviertel hat sich als kleine „Insel" inmitten der dichten gründerzeitlichen Miethausbebauung von Sankt Georg erhalten. Die giebelständigen Vorderhäuser wurden 1820–24 immer noch in Sichtfachwerk gezimmert und zeigen den starken Kontrast zwischen weißem Gebälk und Ochsenblut-farbenen Gefachen bzw. Massivwänden. Die flachen Giebel fallen als „klassisch" geprägt auf, der linke, noch stumpfer, hat eine große Lukentür, der rechte bloß ein geblendetes Ochsenauge. Rechts neben dem Eingang des breiteren Hauses (Nr. 3) öffnet sich der stark verformte Durchgang zum Innenhof. Die Wohnungen in diesem Innenhof entstanden 1842 als Notlösung unmittelbar nach dem großen Brand und trotz Brandgefahr

Kloppstockstraße 2–4–6 in Ottensen

in Fachwerk! Beide Budenreihen haben darüberliegende Sahlwohnungen, eine bis dahin nie enden wollende Tradition.

Kloppstockstraße 2–4 und 6 (Ottensen)

Die zweigeschossige Reihenhauszeile auf Kellerräumen wurde 1797 im Auftrag des Altonaer Kaufmanns Hinrich Dultz errichtet. Dieser hatte wenige Jahre früher bereits sechs Miethäuser in der unmittelbar benachbarten Palmaille bauen lassen, von denen sich Nr. 106 erhalten hat. Hermann Hipp sieht hier den deutlichen Charakter eines spekulativen Geschosswohnungsbaus.

An der Kloppstockstraße handelt es sich um einen massiv gebauten Block zu 19 Achsen, streng symmetrisch angeordnet mit zwei mittleren und zwei seitlichen Eingängen, die über wenige Stufen zugänglich sind. Dazwischen sondern sich zwei Risalite ab, die flache Dreiecksgiebel tragen. Ein Krüppelwalmdach deckt die Zeile, die teils Sichtbackstein, teils dunkelrot gestrichene Flächen zeigt. Die Fassaden sind sehr schlicht, lediglich ab Haus Nr. 4 findet sich eine Bandrustika als auf ein Minimum reduzierter „Dekor". Charakteristisch für den Übergang vom Barock zum Klassizismus ist die Großzügigkeit der Befensterung, wodurch die Fassadenfläche fast vollständig aufgelöst wird.

Kloster Sankt Johannis

Kloster Sankt Johannis (Heilwigstraße 158–162, Eppendorf)

Die Wohnanlage „der besonderen Art" ist eine aristokratische Adresse in Eppendorf, besonders schön an der Alster zwischen den ästhetisch anspruchsvollen Brücken der Hochbahnlinien gelegen. Sie umfasst ein als solches nicht zu erkennendes Klostergebäude und ein Witwenhaus, die von den Architekten Richard Kahl + Ludwig Endresen 1912–14 in einer Stilmischung aus englischen und hanseatischen Elementen gebaut wurden: Eindeutig britisch sind die unter Giebeln stehenden bay-windows, hanseatisch sind Diele und Saal im Erdgeschoss des Konventbaus. Ein niedriger Uhrturm mit Kupferhaube im Renaissancestil markiert den Eingang zum Konventbau.

Das heutige Damenstift ist aus dem Harvestehuder Zisterzienserinnen-Kloster hervorgegangen. Es wird weiterhin im Sinne eines traditionsträchtigen Seniorinnen-Wohnheims geführt, für das bis heute Erster und Zweiter Bürgermeister Patrone sind, ein Relikt aus der Geschichte Hamburgs. Jede Bewohnerin verfügte ursprünglich über drei bis vier Zimmer und eine Dienstmädchenkammer. Die Bauten sind in Klinker mit unterschiedlich starker Werksteingliederung gebaut und teilweise sogar in Fachwerk. Die Grundrisse sind zum Teil winkelig, die Verteilung der Baukörper auf dem parkähnlichen Gelände ist eher locker. Von der Hochbahn aus ergeben sich gute Gesamtperspektiven.

Der Name des Viertels, „Harvestehude" (südlich des „Klosters"), geht auf die 1239 erfolgte Verlegung des Zisterzienserinnenklosters Herwardeshude von Altona an das Nordende der Außenalster zurück. Hier wurden die Klostergebäude nach der Reformation bereits 1530 abgerissen. Die ehemaligen Nonnen zogen in das leerstehende St. Johanniskloster in der Stadtmitte ein. Die heutige Anlage in Eppendorf ist die letzte Nachfolge dieser mittelalterlichen Einrichtung.

oben und unten: Krameramtswohnungen (bei St. Michael), Gang

Krameramtswohnungen (Krayenkamp 10)

Als gutes Beispiel der berufsständischen Sozialfürsorge im 17. Jh. hat sich die Wohnhofanlage der Krameramtsbrüder (Kleinhändler für Seide, Eisen und Gewürze) direkt hinter Sankt Michaelis intakt erhalten. Ursprünglich standen hier nur zwei Gartenhäuser (gekennzeichnet mit „a" und „m/n"), die 1615–20 noch vor der Anlage der Neustadt gezimmert wurden. 1625 entstand das Haus an der Straße, bis das Ganze 1676 in den Besitz des Krameramtes gelangte. Ein Jahr später ließ es im Garten zwei Hofzeilen mit Kleinwohnungen für verwitwete Frauen des Amtes errichten, die das „Budenensemble" komplettieren. Bis in die 1960er Jahre befanden sich hier 14 Witwenwohnungen, die 1971–74 für teilweise museale Zwecke restauriert wurden. Die Anlage vermittelt einen lebendigen Eindruck davon, wie ganz Hamburg vor Brand, Abriss und Bomben ausgesehen hat. Die Buden im Erdgeschoss sind mit Küchendiele und Zimmer ausgestattet. Von den Dielen geht jeweils eine Treppe in die zweite Wohnung des Obergeschosses, wobei später Zusammenlegungen von Wohnungen stattfanden. Eine dieser Wohnungen ist als kleines Museum eingerichtet. Die Flügel an beiden Seiten des Hofes sind im Grundriss etwa spiegelsymmetrisch angelegt. Die Fassaden zeigen in beiden Geschossen niedersächsische Laternen, die für eine größtmögliche Optimierung der ohnehin beengenden Lichtverhältnisse sorgen. Das Gebälk ist weiß gefasst, wie so oft im alten Hamburg, die Gefache wurden teilweise in geometrischen Mustern gemauert. Hervorzuheben sind noch die Zwerchhäuser, die der Beladung der Dachböden dienten, sowie die schönen gedrehten Schornsteine – eine Inspirationsquelle für Fritz Höger in den 1920er Jahren.

Krameramtswohnungen, Häuser an der Straße

Peterstraße (Peterstraße, Neanderstraße, Neustadt)

Was wie ein organisch gewachsenes Straßenbild mit althamburgischen Einzelhäusern aussieht, ist eine einheitlich geplante Rekonstruktion von Fassaden für neue Wohnungen, die 1969–82 durch den Architekten Fritz Pahlke verwirklicht wurde. Bei der eindrucksvollen Straße gibt es jedoch zwei Probleme: Das erste ist, dass für den Bau der Nordseite dieser Straße mit ihren großbürgerlichen Giebelhäusern in Backstein der Abriss authentischer, historischer Fachwerkhäuser nötig war. Das zweite Problem betrifft die Gruppierung von Fassadenkopien, die niemals zusammengehörten und auch nicht für die Neustadt typisch waren. Gegen die Rekonstruktion als solche ist aus städtebaulicher Sicht andererseits wenig einzuwenden, da so zumindest keine maßstabsprengende Architektur entstand. Dazu sehen die Häuser gut aus und bie-

ten die Möglichkeit, Fassadenkopien in Originalgröße zu studieren. Auch stellen die Häuser eine angemessene Nachbarschaft zum Beylings-Stift (Peterstraße 37) dar, das als originales barockes Mehrfamilienhaus erhalten ist.

Denkmalpflegerisch gesehen stellt die Peterstraße möglicherweise eine lässliche Sünde dar, das Unilever-Gebäude, für das ein gut erhaltenes vorindustrielles Gängeviertel geopfert wurde, dagegen eine große Sünde: Unilever brachte die Raumproportionen der nördlichen Neustadt nachhaltig durcheinander.

Trotz der abgerissenen Fachwerkhäuser der Peterstraße hat ihre Neubebauung doch ein Plus: entstand sie doch gegen den Strom der Zeit in einer Phase geringster Wertschätzung altdeutscher Architektur und noch weit vor der Reaktion, die das europäische Denkmalschutzjahr 1975 auslöste. In den 1960er Jahren hatte sich endlich jemand gefunden, der ein Projekt wie die Peterstraße durchführen konnte: Alfred Toepfer als Unternehmer und Mäzen.

Die hier nachgebauten Häuser sind: Neanderstraße 31 (Altbau bei den Mühren 51, 1680), Peterstr. 28 (Altbau Hüxter 6, 1680), Peterstr. 30 (Altbau Grönigerstr. 1, 1750–60), Peterstr. 32 (Altbau Düsternstr. 8, 1667), Peterstr. 34 (Altbau Gröningerstr. 20, Justus'sches Haus, 1610–20), Peterstr. 36 (Altbau Catharinenstr. 6, ca. 1780), Eckhaus Peterstr./Hütten (Altbau Michaelisstr. 32, ca. 1770).

Peterstraße von oben

Siedlung Dulsberg (Alter Teichweg, Straßburger, Nordschleswiger, Krause-Straße)

Der Dulsberg wurde in den 1920er Jahren als Siedlungsgebiet erschlossen. Er wurde nach dem reformierten Bebauungsplan des Oberbaudirektors Fritz Schumacher verwirklicht. „Dessen 1919 gegen einen älteren durchgesetzte Plan erbrachte den Nachweis, dass die herkömmliche Bauweise mit Hinterflügeln ohne wirtschaftliche Einbußen gegen eine niedrige Zeilen- und Wohnhofbebauung zu ersetzen war" (Christoph Timm, Dehio 1994). Die Siedlung wurde zwischen 1921 und 1931 gebaut. 1935 kamen die Frohbotschaftskirche, 1938 die Zeilenbauten Eulenkamp dazu. Nach unterschiedlich starken Kriegszerstörungen wurde die Siedlung 1949–56 instandgesetzt.

Rückgrat der Siedlung, deren unterschiedliche Bereiche von diversen Autoren stammen, ist der Schumachersche Grünzug (zum Teil mit Sportplätzen), der eine Teilung in Dulsberg-Süd und -Nord erwirkt. Von diesem Grünzug und von den Hauptstraßen aus ist das Wegenetz abgestuft.

Die ersten Wohnhäuser entstanden 1921–23 und wurden von der Freien Hansestadt selbst gebaut. 1927–28 errichteten Rudolf Klophaus und August Schoch die langgestreckten Baublöcke entlang der Straßburger Straße, die sehr schlicht und mit wenigen Akzenten ausgestattet sind, so die übereck gestellten zweiseitigen Erker der Treppenhäuser. Erst 1929–31 entstanden die wahren Glanzlichter der Siedlung: die Laubenganghäuser (Laubenganghaus deshalb, weil die Geschosswohnungen über einen Laubengang zugänglich sind). Sie wurden von den Brüdern Paul August Reimund und Hermann Frank errichtet. Acht von ihnen sind als viergeschossige Zeilenbauten geplant: Ihre Balkone sind nach Süden in Fortsetzung der Horizontallinien abgerundet, was eine großartige Perspektive entlang der Oberschlesischen Straße bewirkt, allerdings nur im Winter, wenn die Bäume kein Laub mehr tragen. Für Hamburg erreicht hier die internationale Moderne einen Höhepunkt. Hamburgisch ist nur noch die Backsteinverkleidung. Die halbrunden Balkonplattformen sollten gemeinschaftsstiftend wirken und bei den 42 m² kleinen Wohnungen für das Fehlen privater Loggien entschädigen. Seit

Peterstraße

1983 finden hier Wohnungszusammenlegungen statt. Die langgestreckten Laubenganghäuser hatten den Vorteil, die Zahl der Treppenhäuser reduzieren zu können. Die Stirnseite des jeweiligen Erdgeschosses ist mit ansprechenden polygonalen Schaufenstern ausgestattet.

Viertel Rademachergang, Breiter Gang, Kornträgergang (Neustadt)

Das 1933–37 großzügig geplante Areal ersetzte eines der dichten Gängeviertel, das seit der Jahrhundertwende 19./20. Jh. für eine Sanierung durch Abriss vorgesehen war. Statt der barocken Fachwerkhäuser aus dem 17. und 18. Jh. steht hier heute ein ansprechendes Viertel, das sich traditionsbewusst im Sinne des Heimatstils präsentiert – unabhängig von den Intentionen der nationalsozialistischen Erbauer. Stand für sie die Räumung einer „kommunistischen Brutstätte" im Vordergrund, so hat die Gruppe der verantwortlichen Architekten (Rudolf Klophaus, Alfred Puls, Emil Richter und Wilhelm Behrens) so gearbeitet, dass der historische Abgang nicht durch einen zusätzlichen Gesichtsverlust ver-

oben: Siedlung Dulsberg, Straßburger Straße

unten: Siedlung Dulsberg, „Laubenganghäuser"

schlimmert wurde. Außerdem tragen die Häuser mit ihrer schönen Bauplastik noch in hohem Maße Züge des Art Déco bzw. des „Expressionismus". Dieser figürliche Schmuck beschränkt sich nicht allein auf die zahlreich vorhandenen Terrakotta- bzw. Klinker- oder gar Hausteinreliefs, auch Fensterpfosten wurden in Holz geschnitzt und zeigen Motive, die zu den reizvollsten dieser Gattung zählen.

Die Bauweise besteht aus einer meist viergeschossigen Blockrandbebauung unter Satteldächern, die durch Einzelmotive wie Balkone, Loggien und Erker bereichert wird. Besonders ästhetisch sind die vielfach zum Einsatz gekommenen Fensterbänder mit betont querrechteckigen Fenstersprossen. Die Blocks umrahmen ruhige und breite Straßen, die teilweise autofrei sind und eine hohe Lebensqualität bieten, die in der Innenstadt umso wertvoller ist. Im Zentrum befindet sich ein über Treppen zugänglicher Platz, auf dem der Hummelbrunnen von Richard-Kuöhl steht, was den Bewohnern ein volkstümliches Gefühl geben sollte. Hummel war ein bekanntes Hamburger Original aus der Zeit um 1800, der als Wasserträger arbeitete. Die Unschuld der in der nationalsozialistischen Zeit hier gehauenen Figuren endete mit dem von Kuöhl geschaffenen Relief „Marschierendes Jungvolk", das nach 1945 aus einem der umliegenden Häuser entfernt wurde.

ETAGENHÄUSER

Alte Holstenstraße 69 (Bergedorf)

Das repräsentative Gebäude wurde 1903–04 für Geschäfts- und Wohnnutzung schräg gegenüber vom Bergedorfer Schloss am Serrahnwehr errichtet. Das in Formziegeln gebaute Haus zeigt eine malerische Baukörpergruppierung und unterschiedliche Dekorformen, die von der Romanik und Gotik bis zur Renaissance reichen und zu neuen Stilformen kombiniert sind. Die Fassaden wurden sorgfältig mit reichlichem Einsatz von grün glasierten Backsteinen (Friese, Maßwerk, Simse) und unter Verwendung roter, gelber und weißer Ziegel ausgeführt. Dazu kommen Details in Werkstein oder Putz sowie guss- und schmiedeeiserne Elemente (Säulchen, Balkongitter) sowie steinerne Reliefs. Die Fassade am Wasser wird von einem viergeschossigen Erker geschmückt, dessen obere Kuppellaterne Bestandteil der ebenfalls aufwändig gestalteten Dachlandschaft ist. Der Historismus liefert hier eine Anhäufung aller erdenklicher Formen – Abwechslungsreichtum in Material und Form waren um 1900 beliebt. Deshalb sind z. B. die Fenster halbrund, segmentbogig, spitzbogig oder auch einfach rechteckig. Das Etagenhaus trat so in Konkurrenz zum Palastbau.

Heute beherbergt das Erdgeschoss des Hauses eine Filiale der Vereins- und Westbank.

Münzplatz 11 (Klostertor)

Das 1886 vom Architekten Johann Heinrich Martin Brekelbaum erbaute Mietshaus befriedigt mit seiner architektonischen Formensprache und der Größe seiner Wohnungen höhere Ansprüche. Das Äußere verrät die Zugehörigkeit zur „Hannoverschen Schule". Es stellt eine Kreuzung aus „verhextem" Adams-Family-House und trutziger Burg dar. Die auf unregelmäßigem Grundriss stehende Architektur bevorzugt erneut ein malerisches Erscheinungsbild: Erker, Giebel, Balkonloggias, helmbekröntes Rundtürmchen, Gaupen, Schornsteine, Säulen, Statuen, glasierte und unglasierte Backsteinschichten, dekorative Formsteine, Simse, Friese, kleine Putzflächen gestalten den Bau. In den großen Wohnungen fallen Vertäfelungen, historistische Kachelöfen und eine geometrische, sternförmige Einteilung der Decken mittels Holzleisten auf, die an englische Kompositionen der Renaissance und Neorenaissance erinnern. Die zum Treppenhaus geöffneten Schlitzfenster tragen

unten: Münzplatz 11, Detail

links: Alte Holstenstraße 69 in Bergedorf

unten: Alte Holstenstraße 69, Detail

gusseisernes Maßwerk zum Nachweis des Luxus-Etagenhauses. Gusseiserne Tragglieder kamen reichlich zum Einsatz, wie sie heute in der als Kunstgalerie dienenden Erdgeschosshalle zu sehen sind. Durch Bahn und Straße wird das „Quartier am Münzplatz" von der City abgeschnitten, das man jetzt mit der räumlichen Umordnung der benachbarten „Hühnerposten" wieder zu beleben versucht.

Colonnaden 68 (Ecke Fehlandtstraße, Neustadt)

Colonnaden 68

Dieses schmale Etagenhaus an der Gabelung Colonnaden/Fehlandstraße wurde 1877–78 von Johannes Grotjan gebaut, der damals bereits Prestige genoss und wenig später an der Planung des neuen Rathauses teilnahm. Die für die städtebauliche Wirkung des Hauses günstige Ecksituation wurde ästhetisch überzeugend gelöst. Die Stirn mit seiner Dachlaterne lässt das Haus aus dieser Perspektive fast turmartig erscheinen. Die historistischen Fassaden sind konventionell in Zementstuck gegliedert und erinnern an zeitgenössische Fassaden in Frankreich. Aus der Renaissance stammende Elemente wie klassische Simse, die Rustika und eckige sowie abgerundete Fenstergiebel gliedern die Fronten. Das Erdgeschoss war von Anfang an für Läden gestaltet.

unten: Münzplatz 11, Detail

Isestraße 40 (Harvestehude)

Das nordöstliche Ende von Harvestehude bildet die ab 1906 erbaute Isestraße, die dank ihrer Eleganz heute

eine bekannte Adresse der Stadt ist. Der zu den in diesem Text kommentierten Nummern 40 und 115–119 gehörende östliche Straßenabschnitt ist besonders begehrt, da dort keine Hochbahn mitten über die Straße fährt wie zwischen den Haltestellen Hoheluftbrücke und Eppendorfer Baum. Haus Nr. 40 gehört zu den Anlagen entlang der Straße, die sich durch einen ehrenhofartigen Rücksprung mit Vorgarten auszeichnen. Die Balkone wurden hier in den Winkeln zwischen den Seitenflügeln und dem Mitteltrakt platziert und nehmen somit diskreten Abstand von der Straße. Erd- und 1. Obergeschoss werden durch eine Bandrustika als Gebäudesockel nobilitiert. Der neubarocke Giebel des Risalits am mittleren Trakt dieses Hauses fungiert als Blickfang. Alle Häuser der Straße bieten Variationen von Schweifgiebeln, die insgesamt mehr zum Jugendstil als zum Neobarock tendieren und als vereinheitlichendes Sujet wahrgenommen werden. Zur Gruppe der entwerfenden Architekten dieser Etagenhäuser gehörten Albert Lindhorst, A. Barca und Ulrich Pierstorff, Jahnke, Lindner u. a.

Isestraße 115–119 (Harvestehude)

Architekt Wilhelm Schröder schuf 1907–08 die Häuser Nr. 115–117 mit Elementen des Jugendstils, der sich aus dem Neobarock entwickelt. Die Etagenhäuser haben prächtige Eingangstüren und reich geschmückte Flure, verfügen über Balkone und Wohnungen, die sieben oder acht Zimmer umfassen (ca. 200 m^2 Wohnfläche), und sind dazu mit Dienstboteneingang, Fahrstuhl und Zentralheizung ausgestattet. Die „Schlitzbauweise" der Grundrisse erzwingt eine Erschließung der Wohnungen mit einer Länge von 22 m. An der Fassade enden die erkerartigen Vorsprünge in geschweiften Giebeln, deren Kurve von den zahlreichen Korbbögen harmonisch begleitet wird. Auch der Rahmen der dreiteiligen Fenster folgt der Kurvierung. Die Putzfassaden wurden sanft getönt – weiß und hellgrau dominieren. Tiefgeschnittete Vorgärten trennen die Häuser vom Trottoir.

Für die Häuser des südwestlichen Abschnitts entlang des Isebekkanals schrieb der Bebauungsplan von 1906 architektonische Einheitlichkeit vor.

rechts: Isestraße 40

links: Isestraße 115–119

Herrenhaus Wohldorf (Herrenhausallee 4, Wohldorf-Ohlstedt)

Wohldorf gehört zu den Walddörfern, die im Spätmittelalter an die Stadt gelangten, jedoch als hamburgische Exklaven in holsteinischem Gebiet lagen. Auf einer Insel in der Ammersbek stand die 1303 erstmals urkundlich erwähnte Burg Woltorpe, die 1370, endgültig 1437, in die Hand der Stadt kam und Verwaltungszentrale der von Wald umgebenen Dörfer wurde. Die Burg musste 1487 einem Herrenhaus weichen, das seinerseits 1712–14 durch das heutige Anwesen ersetzt wurde. Der seitdem dort stehende Fachwerkbau, ein zweigeschossiges Gebäude unter Walmdach, wird unterschiedlich den Zimmermeistern H. Georg Günther bzw. Hans Meyer zugeschrieben. Das Obergeschoss kragt allseitig vor, die hohen Fenster sind niedriger als der Brüstungsriegel und enden erst im Rähm, also an der Geschossgrenze. Die Schmalseiten sind zweiachsig, die Längsseiten vierachsig. Das Hauptportal verlegte man auf die Rückseite. Zur Erweiterung des Wohnraumes wurden viel später auf dem Dach vier Zwerchhäuser gezimmert. Später diente das Herrenhaus der Erholung von Senatsmitgliedern. Noch bis 1918 bereiste die Finanzdeputation die ländlichen Exklaven im Norden der Stadt zu einer Inspizierung, die mit einem Fest im Herrenhaus endete. Das Gebäude wurde vor nicht allzu langer Zeit von der Stadt an einen Privateigentümer verkauft, der das Innere leider verändern durfte. Es besteht durchaus Verwandtschaft zu dem Landhaus Moorfleter Deich 359, das etwa 30 Jahre älter ist und im Süden der Stadt liegt.

Herrenhaus Wohldorf in Ohlstedt

Jenischhaus (Jenisch-Park, Baron-Vogt-Straße 50, Othmarschen)

Der Kaufmann und Senator Martin Johann Jenisch erwarb 1828 das Mustergut von Caspar von Voght und ließ durch Franz Gustav Forsmann ein neues Haus entwerfen. Das in Othmarschen, also außerhalb Hamburgs

gelegene Projekt musste vom preußischen Oberbaurat Karl Friedrich Schinkel abgesegnet werden und wurde von diesem überarbeitet. Somit stellt der 1831–34 errichtete Bau eine Synthese dieser beiden ungleich berühmten Baumeister dar. Auf Schinkel sollen die Strenge, die nur lineare Fassadenbehandlung und das Attikageschoss zurückgehen. Forsmann ist vor allem durch den „Altan" – hier ein Portikusvorbau mit Balkon als dorischen Tetrastylos zur Elbe hin – und einige Details, vor allem aber durch die Gestaltung des Inneren vertreten.

Das Landhaus präsentiert sich als makelloses puristisches Kind des Klassizismus. Säulen und Sockel wurden in Naturstein belassen, sonst sind alle anderen Flächen verputzt und schneeweiß gefasst. Alle Gitter sind vergoldet. Ohne das Ornat der volutenreichen Gitter nähert sich das Äußere erstaunlich der „klassischen" Moderne um 1920.

Jenisch war seit 1827 Senator und konnte später als Präses der Baudeputation den Wiederaufbau Hamburgs nach dem Brand 1842 maßgeblich beeinflussen.

Heute ist das Haus eine Außenstelle des Altonaer Museums und wurde 1955 als Museum für hanseatische Wohnkultur eingerichtet.

Nicht zu trennen sind Jenisch-Haus und Jenisch-Park. Letzterer ist ein Rest des ehemals 42 ha umfassenden Süderparks, eines kleinen Teils der Flottbeker Ländereien des Caspar Voght. Mit dem Bau des Hauses 1831 wurde der Norden des Parks zum „Pleasureground" umgestaltet. Durch diesen englischen Landschaftsgarten mit seinen geschorenen Rasenplätzen, Blumenrabatten, Rankgerüsten und Pergolen wurde eine Erweiterung des Wohnraums ins Freie geschaffen.

Jenischhaus, Othmarschen

Nebengebäude (Gärtnerhaus) von 1830 im Jenisch-Park im Stil einer englischen Cottage, wie sie im englischen Landschaftsgarten der 1. Hälfte des 19. Jahrhunderts üblich war

rechts: Landhaus Voght, Nienstedten

Rio de Janeiro, Casa Grandjean de Montigny

1927 wurde der Park öffentlich. 1992 legte die Umweltbehörde ein parkpflegerisches Gutachten mit umfangreichen Rettungs- und Pflegemaßnahmen vor.

Halbmond, Elbchaussee 228, 1820 von Johann Matthias Hansen, strohgedecktes ehemaliges Stallgebäude im englischen Cottagestil, wie er für Nebengebäude englischer Herrenhäuser üblich war

unten: Instenhäuser (1786–98) in regionaler Bauweise beim Landhaus Voght bzw. Jenischhaus

Landhaus Voght (Baron-Voght-Straße 63, Nienstedten)

Zusammen mit den Wirtschaftgebäuden bilden das Landhaus und die Instenhäuser den Rest der ausgedehnten Ländereien des Caspar Voght aus dem ausgehenden 18. Jh. Voght war ein weltoffener Vertreter der Aufklärung, erfolgreicher Kaufmann, Landwirt und Erneuerer der Hamburger Armenfürsorge. 1794–97 ließ er durch den Architekten Johann August Arens ein Landhaus im nordamerikanischen Kolonialstil errichten. Charakteristisch sind die von tuskischen Säulen getragenen Galerien, ein Element, das in Gegenden mit wärmeren klimatischen Verhältnissen häufiger vorkommt. Natürlich ist das von Veranden umgebene zweigeschossige Landhaus ein Topos des Klassizismus und nicht spezifisch nordamerikanisch, wie beispielsweise die um 1820 errichtete Casa von Grandjean de Montigny in Rio de Janeiro belegt.

Voght hatte 1793–94 England besucht und war von den Landsitzen so begeistert, dass er 1795 den britischen Landschaftsgärtner John Booth beauftragte, seine Ländereien in eine „ornamented farm" umzugestalten. Während das eigentliche Landhaus errichtet wurde, baute man auf der gegenüberliegenden Straßenseite 1786–

98 für die Tagelöhner eine Häuserzeile in traditionellem Fachwerk, die sogenannten Instenhäuser. Auch dies folgt zeitgenössischen englischen Vorbildern, wenn das Landhaus massiv und in edlen Formen und die Nebengebäude schlichter und klein errichtet wurden. Die idyllischen reetgedeckten Häuser weisen eine extrem reduzierte Wohnfläche auf: ursprünglich nur ein Zimmer mit Wandbett und eine Küche. Die Türen sind die charakteristischen „Klöndoren", quergeteilte Türen, auf deren untere Hälfte man sich zum „klönen" stützt. Die Häuserzeile folgt der Biegung des alten Fuhrwegs, heute der Straße, die Nienstedten von Othmarschen teilt. Ein größerer Kontrast zum Herrenhaus ist kaum denkbar, steht doch das Fachwerk weitgehend jenseits von stilistisch-modischen Einordnungen und Ansprüchen und begnügt sich mit der ihm innewohnenden, unverdorbenen Schönheit.
Zum Brandschutz sitzen die Schornsteine auf einem mit Dachziegeln gedeckten breiten Firstband, das sie vom Reet trennt. Die Häuser wurden 1992 durch Brandstiftung teilbeschädigt und 1993/94 durch Padner & Partner zusammen mit Dietrich Raeck restauriert. Eine Wohnung ist museal eingerichtet und kann besichtigt werden (Außenstelle des Altonaer Museums).

Elbschlösschen (Georg-Bonne-Straße 19, Nienstedten)

Nach dem Vorbild der Villa Rotonda von Andrea Palladio und unter dem Einfluss der Revolutionsarchitektur Ledouxs und Boullées errichtete Christian Frederik Hansen 1804–06 das repräsentative kleine Landhaus. Es handelt sich um einen kleinen würfelförmigen Baukörper, dessen ionischer Portikus vor der offenen Eingangshalle den baulichen Akzent innerhalb der sparsamen Außendekoration (mit geraden Fensterverdachungen und Reliefmedaillons) setzt. Die Dachfläche wird durch die Kuppel akzentuiert, unter der der reich dekorierte, zentral gelegene Hauptraum liegt, der von der Kuppel überwölbt wird.

Elbschlösschen, 1806 von Christian Frederik Hansen

Landhaus J. C. Godeffroy – Hirschparkhaus, 1789–92 von Christian Friedrich Hansen, Ansicht von Norden

Landhaus J. C. Godeffroy – Hirschparkhaus (Elbchaussee 499, Nienstedten)

Für den Hamburger Kaufmann Johann Caesar IV Godeffroy erbaute Christian Friedrich Hansen 1789–92 dieses Landhaus, das Hansens erstes bedeutendes Bauwerk seiner Altonaer Zeit (1784–1804) und das Hauptwerk des Klassizismus an der Elbchaussee werden sollte. Zugleich entstand eine Garten- und Parkanlage im englischen Stil, die heute der Öffentlichkeit zugänglich ist und nach einem um 1860 angelegten Hirschgehege als „Hirschpark" bezeichnet wird. Das Landhaus zeigt sowohl französische als auch englische Einflüsse. Der Bautyp lässt sich vom barocken „Maison de Plaisance" ableiten, d. h. einem schmalen, langen Baukörper, dessen drei Haupträume durch eine Enfilade verbunden sind. Für die durch zwei Säulen getragene Vorhalle gilt das frühklassizistische Petit Trianon in Versaille (1768 vollendet) als Vorbild. Doch ist die Architektur Hansens deutlich sparsamer – klassizistischer.

Neben dem Landhaus steht das strohgedeckte „Witthüs", ein um 1800 erbautes Bauernhaus mit (halbrundbogigem, klassizistischem) Thermenfenster.

unten links: Landhaus J. C. Godeffroy – Hirschparkhaus, Ansicht von Südosten

unten rechts: „Witthüs" (um 1800) neben dem Landhaus J. C. Godeffroy

Wasserschloss Bergedorf (Bergedorfer Schlossstraße, Bergedorf)

Die backsteinerne Vierflügelanlage aus der Zeit der Renaissance mit neogotischen Veränderungen ist der Nachfolgebau einer 1212 erstmals urkundlich erwähnten, nach dem Stau der Bille errichteten Wasserburg. Diese wurde 1420 von Hamburg und Lübeck erobert und anschließend jahrhundertelang gemeinsam als Sitz der Amtmänner von Bergedorf genutzt. 1867 verlor Lübeck diese Rechte. Die Eingemeindung Bergedorfs in die Stadt Hamburg erfolgte erst 1937/38. Bei dem Neubau des ruinösen Nordtraktes 1897–1901 bot sich die Gelegenheit, das Schloss „mittelalterlich" umzuinterpretieren. So gingen die geschweiften Giebel der Zwerchhäuser an der Westseite verloren, auch der Volutengiebel an der Südostecke wurde einfach durch einen Treppengiebel ersetzt (in der Abbildung etwa mittig), der nur die Nischenachsen des Vorgängers zitiert. Insofern ist die Schlossarchitektur punktuell verfälscht. Die Südseite

Wasserschloss Bergedorf

Landhaus P. Godeffroy – Weißes Haus, Elbchausee 547, Blankenese, um 1790 von Christian Friedrich Hansen – eine der frühen Elbvillen

Landhaus Brandt – Weißes Haus, Elbchausee 186, Othmarschen, um 1820 von dem dänischen Architekten Axel Bundsen – repräsentatives Beispiel der „weißen" Elbvillen

Gut Wellingsbüttel, Herrenhaus, um 1750 (oben), und Torhaus, 1757 (unten)

zeigt noch einen Verbindungstrakt in Fachwerk, der 1661 gezimmert wurde, der Giebel links ist noch original von 1610. Der Osttrakt mit seinen unteren Hausteinbändern datiert 1589/90 (rechte Bildhälfte). Dazu kommt der von Hermann Hipp gelobte neugotische Nordtrakt des Architekten Franz Andreas Mayer, eines Schülers von Conrad Hase, der auch die Speicherstadt mitgestaltete.
Das Schloss ist seit 1955 Außenstelle des Museums für Hamburgische Geschichte und thematisch für Bergedorf und die Vierlande zuständig.

Gut Wellingsbüttel (Wellingsbütteler Weg 71–75a)

Das Gut Wellingsbüttel war von 1673 bis 1806 im Besitz der Familie Kurtzrock. Diese ließen um 1750 das heutige Gebäude als Backsteinbau errichten, das 1889–90 Martin Haller um ein Geschoss erhöhte und unter der Bewahrung der Ausstattungsreste des Rokoko und Klassizismus seine heutige Gestalt mit neobarocker Putzfassade verlieh. Das Torhaus von 1757 schuf vermutlich Georg Greggenhofer.

LITERATUR

Architektur- und Ingenieur- Verein zu Hamburg (Hrsg.): Hamburg und seine Bauten 1. Band, Hamburg 1914

Architektur- und Ingenieur- Verein zu Hamburg (Hrsg.): Hamburg und seine Bauten 2. Band, Hamburg 1914

Architekten- und Ingenieurverein e. V. (Hrsg.): Hamburg und seine Bauten 1954–1968, Hamburg 1969

Architekten- und Ingenieurverein e. V. (Hrsg.): Hamburg und seine Bauten 1969–1984, Hamburg 1984

Architekten- und Ingenieurverein e. V. (Hrsg.): Hamburg und seine Bauten 1085–2000, Hamburg 1999

Bahn, Juan W.: De los talleres de Fritz Höger (in Revista de Arquitectura Nr. 123, März 1931), Buenos Aires 1931

Baubehörde Hamburg, Amt für Stadterneuerung (Hrsg.): Deichstraße, eine Dokumentation des Sanierungsgebietes Hamburg-Altstadt S1, Hamburg 1985

Brandt, Heinz-Jürgen: Das Hamburger Rathaus, Hamburg 1957

Buciarelli, Piergacomo: Fritz Höger – Hanseatischer Baumeister 1877–1949, Berlin 1992

Busch, Harald/Sloman, Federico: Das Chilehaus in Hamburg – Sein Bauherr und sein Architekt, Hamburg 1974

Busch, Ralf (Hrsg.): Die Kunst des Mittelalters in Hamburg – Die Burgen, Hamburg 2000

Dehio, Georg: Hamburg/Schleswig-Holstein (bearbeitet von Habich, Johannes, Timm, Cristoph und Wilde, Lutz), München/Berlin 1994

Denkmalpflege Hamburg (Hrsg.): Ballin-Haus – Meßberghof, Hamburg 1997

Dirksen, Viktor: Ein Jahrhundert Hamburg 1800–1900, Leipzig 1935

Eissenhauer, Michael: Die Hamburger Wohnstiftungen des 19. Jahrhunderts (Arbeitshefte zur Denkmalpflege in Hamburg Nr. 9), Hamburg 1987

Elingius, Erich (Hrsg.): Die Palmaille in Altona, Hamburg 1938

Ellermeyer, Jürgen/Postel, Rainer (Hrsg.): Stadt und Hafen (Arbeitshefte zur Denkmalpflege in Hamburg Nr. 8), Hamburg 1986

Faulwasser, Julius: Die St. Nikolai-Kirche in Hamburg, Hamburg 1926

Feldmann, Hans-Christian: Hauptkirche St. Petri in Hamburg, München/Berlin, o. D.

Fischer, Manfred: Denkmalpflege in Hamburg – Idee, Gesetz, Geschichte (Arbeitshefte zur Denkmalpflege in Hamburg Nr. 19), Hamburg 2000

Fischer, Manfred: Fritz Schumacher – Das Hamburger Stadtbild und die Denkmalpflege (Arbeitshefte zur Denkmalpflege in Hamburg Nr. 4), Hamburg 1977

Freie und Hansestadt Hamburg, Kulturbehörde/Denkmalschutz (Hrsg.): Denkmalschutz und Denkmalpflege in der Freien und Hansestadt Hamburg, Merseburg 2003

Freie und Hansestadt Hamburg, Kulturbehörde/Denkmalschutz (Hrsg.): Denkmalwelten der Großstadt, Merseburg 2005

Freunde des Jenischparks e. V. (Hrsg.): Der Jenischpark, ohne Datum (ca. 2005)

Frühauf, Anne: Fabrikarchitektur in Hamburg (Arbeitsheft Nr. 10), Hamburg 1991

Funke, Hermann: Zur Geschichte des Miethauses in Hamburg, Hamburg 1974

Grayling, A. C.: Die toten Städte, München 2007

Grundmann, Friedhelm: Hamburg, Berlin 1978

Grundmann, Günther: Großstadt und Denkmalpflege – Hamburg 1945 bis 1959, Hamburg 1960

Grundmann, Günther: Hamburg gestern und heute, Hamburg 1972

Hampel, Thomas (Hrsg.): Speicherstadt und Hafencity, Hamburg 2004

Hipp, Hermann: Colonnaden (Arbeitshefte zur Denkmalpflege in Hamburg Nr. 2), Hamburg 1975

Hipp, Hermann: Freie und Hansestadt Hamburg, Köln 1989

Hipp, Hermann: Haverstuhude/Rotherbaum (Arbeitshefte zur Denkmalpflege in Hamburg Nr. 3), Hamburg 1976

Hipp, Hermann/Meyer-Veden, Hans: Hamburger Kontorhäuser, Berlin 1988

Höger, Fritz: Arquitectura moderna alemana – „Chilehaus" (in Revista de Arquitectura Nr. 87, März 1928), Buenos Aires 1928

Hootz, Reinhard (Hrsg.): Hamburg/Schleswig-Holstein, Darmstadt 1981

Hülst, Iris van: Neues Hamburg, Berlin 2006

Kösters, Hildegard/Roscher, Volker (Hrsg.): Architekten und Architektinnen BDA in Hamburg – Handbuch 200/2001, Hamburg 2000

Kayser, Werner: Fritzschumacher (Arbeitshefte zur Denkmalpflege in Hamburg Nr. 5), Hamburg 1984

Kirchenvorstand der Hauptkirche St. Jakobi (Hrsg.): Kupferzeiten an St. Jacobi, Hamburg 2001

Kirchenvorstand der Hauptkirche St. Jakobi (Hrsg.): Hauptkirche St. Jacobi zu Hamburg, Hamburg 1988

Kleineschulte, Stefan: Fritz Schumacher – Das Gebäude der Finanzbehörde am Gänsemarkt (Arbeitshefte zur Denkmalpflege in Hamburg Nr. 20), Hamburg 2001

Konerding, Volker: St. Petri und Pauli zu Hamburg-Bergedorf, München/Berlin o/D

Kopitzsch, Franklin/Tilgner, Daniel (Hrsg.): Hamburg Lexikon, Hamburg 2000

Kösters, Hildegard/Roscher, Volker (Hrsg.): BDA Hamburg Architektur Preis 1996, Hamburg 1996

Kösters, Hildegard/Roscher, Volker (Hrsg.): BDA Hamburg Architektur Preis 1999, Hamburg 1999

Kulturbehörde, Denkmalschutz Hamburg (Hrsg.): Fritz Schumacher – Hamburger Staatsbauten 1909–1919/21 (Arbeitshefte zur Denkmalpflege in Hamburg Nr. 15/1), Hamburg 1995

Kulturbehörde, Denkmalschutz Hamburg (Hrsg.): Fritz Schumacher in der Moderne (Arbeitshefte zur Denkmalpflege in Hamburg Nr. 22), Hamburg 2003

Kulturbehörde/Denkmalschutzamt der freien und Hansestadt Hamburg: Industriekultur und Arbeitswelt an der Wasserkante (Arbeitshefte zur Denkmalpflege in Hamburg Nr.11), Hamburg 1992

Lange, Ralf: Architekturführer Hamburg, Stuttgart 1995

Lutter, Horst: Die St. Michaeliskirche in Hamburg – Der Anteil der Baumeister Prey, Sonnin und Heumann an ihrer Gestaltung, Hamburg 1966

Maak, Karin: Die Speicherstadt im Hamburger Freihafen (Arbeitshefte zur Denkmalpflege in Hamburg Nr. 7), Hamburg 1085

Marg, Anke & Volkwin: Hamburg – Bauten seit 1900, Hamburg 1974

Melhop, W.: Alt-Hamburgische Bauweise, Hamburg 1908

Meyer-Brunswick, Uwe: Sinnbilder in Stein (Hamburg Porträt, Heft 10/87), Hamburg 1987

Meyhöfer, Dirk: Neue Architektur in Hamburg – Ein Führer zu den Bauten der neunziger Jahre, Hamburg 1999

Meyhöfer, Dirk: Hamburg – Der Architekturführer, Hamburg 2007

Nicolaisen, Dörte/Spalleck, Johannes: Övelgönne-Neumühlen (Arbeitshefte zur Denkmalpflege in Hamburg Nr. 1), Hamburg 1975
Paschen, Joachim (Hrsg.): Fritz Schumacher – Mein Hamburg, Hamburg 1994
Pelc, Ortwin: Geschichte der Freien und Hansestadt Hamburg, in: Geschichte der deutschen Länder (Hrsg. Künzel/Rellecke), Münster 2005
Plagemann, Volker (für die Stiftung Denkmalpflege Hamburg): Die Kunst des Mittelalters in Hamburg – Aufsätze zur Kulturgeschichte, Hamburg 2000
Plagemann, Volker (für die Stiftung Denkmalpflege Hamburg): Band 1: Das Mittelalter in Hamburg, Hamburg 2000
Plagemann, Volker (für die Stiftung Denkmalpflege Hamburg): Band 2: Die Kunst des protestantischen Barock in Hamburg, Hamburg 2001
Plagemann, Volker (für die Stiftung Denkmalpflege Hamburg): Band 3: Die Kunst in Hamburg von der Aufklärung in die Moderne, Hamburg 2002
Rauschnabel, Kurt: Stadtgestalt durch Stadtgewalt? – Das Hamburger Baupflegegesetz von 1912 (Arbeitshefte zur Denkmalpflege in Hamburg Nr. 6), Hamburg 1984
Schellenberg, Carl (Hrsg.): Das alte Hamburg, Leipzig 1936
Schildt, Axel: Die Grindel-Hochhäuser, Hamburg 1988
Schmidt, Helmut: Mein Hamburg, in: Die Zeit – Geschichte Nr. 3: Triumph der Stadt, Hamburg 2005
Schmidt,Rudolf/Jaeger, Roland: Richard Kuöhl, Berlin 1929/1998
Schumacher, Fritz: Das Wesen des Neuzeitlichen Backsteinbaues, München 1917
Statistisches Amt für Hamburg und Schleswig-Holsein: Hamburg, ein Stadtporträt in Zahlen, Hamburg 2004
Tittel, Lutz: Backsteinbau in Hamburg (Museum für Hamburgische Geschichte, Heft 7/77), Hamburg 1977
Turtenwald, Claudia (Hrsg.): Fritz Höger – Moderne Monumente, Berlin/Hamburg 2003
Vogel, Paul O.: Kleine Geschichte Hamburgs von 1918 bis zur Gegenwart, Hamburg 2000
Voigt, Wolfgang: Hans und Oskar Gerson – Hanseatische Moderne, Hamburg/München 2000
Wendland, Ulrike: Altstadt – City – Denkmalort (Arbeitshefte zur Denkmalpflege in Hamburg Nr. 16), Hamburg 1995

REGISTER

INNENSTADT-KARTE